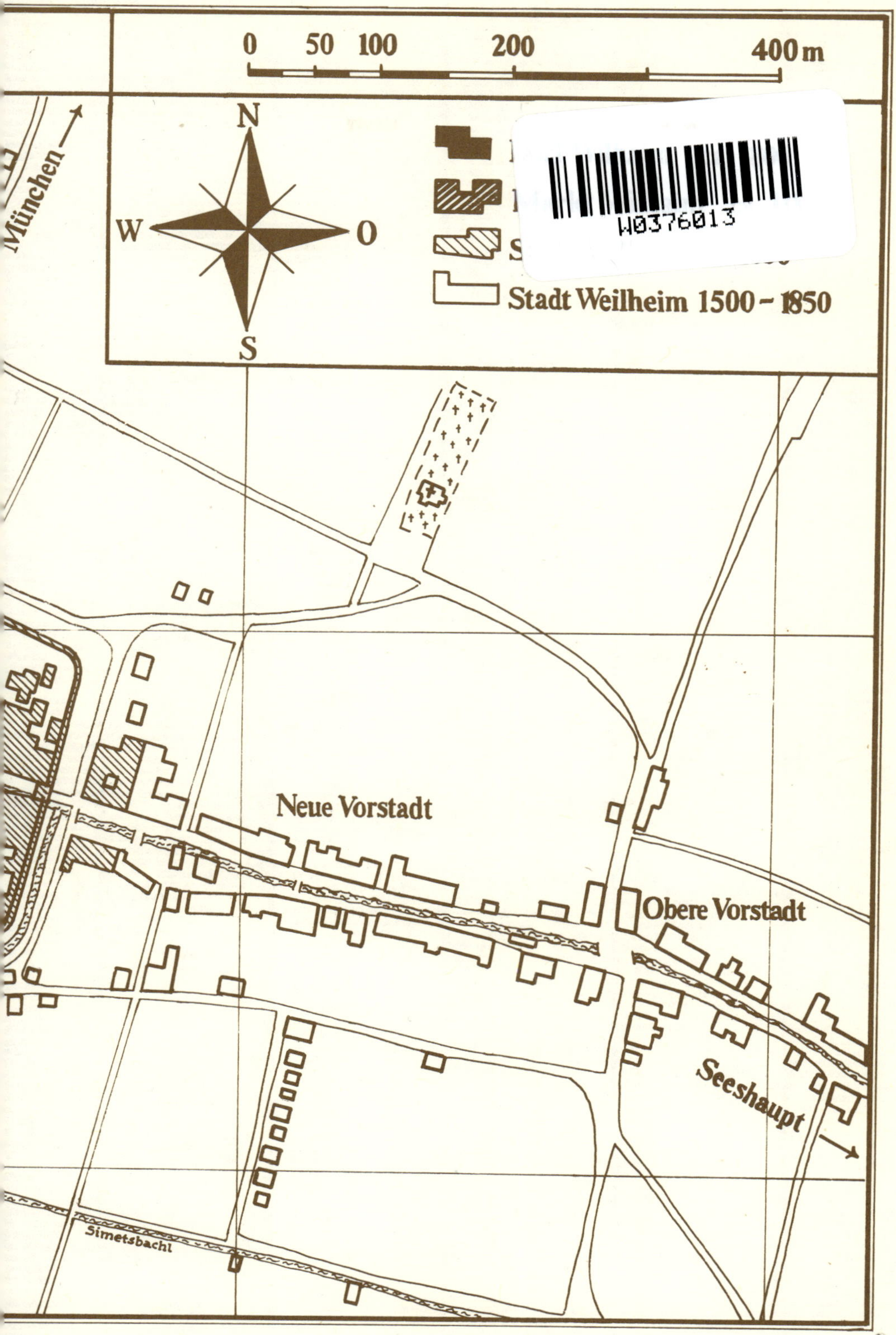

0
50
100
200
400 m
N
W
O
S
Stadt Weilheim 1500 – 1850
München
Neue Vorstadt
Obere Vorstadt
Seeshaupt
Simetsbachl

Reinhardt Helm

750 Jahre Stadt Weilheim i. OB

750 Jahre Stadt Weilheim i. OB

Die Stadt vor dem Gebirg
Sitz des Landgerichts
Mitte des Pfaffenwinkels
Stadt der bildenden Künste
Marktzentrum

von Reinhardt Helm
Fotos: Wilfried Bahnmüller
Karten: Volker Linn
Lektorat: Christian Buck

Mit 85 Farbbildern, Skizzen, Karten und Reproduktionen
Umschlag vorne: Weilheim, Marienplatz
Umschlag hinten: Weilheim, Ansicht von Norden,
Stadtstich von K. Gunkel, um 1850
Gesamtgestaltung: Volker Linn
Gesamtherstellung: Jos. C. Huber KG, Dießen
Lithos: FOTOLITO LONGO, Frangart/Südtirol
ISBN 3-924012-19-9

Vorwort

Wohl im Jahr 1238 verlieh Herzog Otto II. Weilheim die Stadtrechte; damit gehört es zu den ältesten Städten Bayerns. Durch die Beziehungen zu München und Augsburg und die Lage im Pfaffenwinkel konnte sich Weilheim als Künstlerstadt einen ruhmreichen Namen machen. Schon seit dem 17. Jahrhundert – vornehmlich im 19. Jahrhundert – forderte die damit besonders interessante Geschichte Chronisten heraus, wichtige Ereignisse der Vergangenheit zu erforschen und für die Zeitgenossen darzustellen.
Wenn auch Geschichtsschreibung immer bruchstückhaft bleiben muß, so wurde doch versucht, mit der vorliegenden Chronik einen Gesamtüberblick über die Weilheimer Stadtgeschichte auf neuestem Wissensstand zu bieten. Dabei wurden nicht nur historische Ereignisse innerhalb des Stadtgebiets selbst, sondern auch Geschichte und Geschichten des Landgerichts, des Zunft- und Verkehrswesens im Oberland oder der großen Familie der Edlen zu Weilheim behandelt. Einzelne Kapitel entstanden vornehmlich nach Aufsätzen von M. Bernhofer, I. Gierl, H. Haushofer, J. M. Harbauer, R. Helm, A. Lehr, R. Schmid und A. Schmidtner.
Das weitgefaßte Vorhaben wäre in dieser Form und mit der reichen Bildausstattung ohne Unterstützung des Stöppel-Verlags und der Vereinigten Sparkassen Weilheim nicht durchführbar gewesen. Deren Direktor Erich Mayr hatte das Manuskript in Reinschrift bringen lassen.
Mein Dank gilt auch Stadtarchivar Bernhard Wöll, der mit Daten und Stichwörtern aus den Akten des Weilheimer Stadtarchivs wesentlich zur Verbesserung unseres Wissens beitragen konnte. Ihm wird es vorbehalten bleiben, nach grundlegender Bearbeitung der Archivbestände die Weilheimer Chronik bis zur Jahrtausendfeier der ersten Nennung Weilheims im Jahr 1010 durch neues Geschichtsmaterial zu bereichern. Für zahlreiche Hinweise danke ich auch Theobald Wirth.
Insbesondere danke ich Christian Buck und Reinhard Schmid, die sich der aufwendigen Mühe unterzogen, das Manuskript mit sachlichen und stilistischen Anmerkungen zu versehen und damit den Chroniktext wesentlich mitzugestalten.
Zum Gelingen des Vorhabens trug auch entscheidend Wilfried Bahnmüller bei, der die ausgezeichneten Fotos und – zusammen mit Volker Linn – die Gesamtgestaltung und den Textumbruch besorgte. Für diesen wichtigen Beitrag und die gute Zusammenarbeit mit Erich Stöppel danke ich herzlich.
Es war nicht die Absicht des Verlages, auf diesem knappen Raum eine lückenlose Geschichte der Stadt aufzuzeigen oder zu würdigen, was in diesem Jahrhundert das Leben der Stadt prägte. Vielmehr sollen durch den Text wesentliche Geschehnisse einer vielfältigen Vergangenheit aufgehellt und an Hand einer reichen Bebilderung gezeigt werden.

Der Verfasser

Inhaltsverzeichnis

Lage im Pfaffenwinkel

Verweile doch, es ist so schön! Dieser leicht veränderte Ausruf aus Goethes Dichtung Faust ist gut auf Weilheim und die umgebende Kulturlandschaft Pfaffenwinkel übertragbar. *Weilheim vor dem Gebürg* – es ist die in früheren Jahrhunderten übliche Formel für amtliche Schriftstücke – liegt zwischen München und Garmisch-Partenkirchen in einer fruchtbaren Ebene, im Angesicht der Ammergauer Berge, des Wetterstein- und Estergebirges und des Karwendels. Die an der Kreuzspitze, südlich Schloß Linderhof entspringende Ammer umfließt Weilheim an dessen Westseite und trug nicht unwesentlich zur Entwicklung der Stadt im Mittelalter bei. Die Umgebung Weilheims im Alpenvorland ist insbesondere geprägt durch den fast tausend Meter *Hohen-Peißenberg* als einem Vorposten des nahen Gebirges, sowie durch zahlreiche kleine Moore, Seen und Weiher. Ammersee und Starnberger See begrenzen das Gebiet in nordöstlicher Richtung. Nicht zuletzt wegen seiner verkehrsgünstigen Lage zwischen Garmisch-Partenkirchen und München, Augsburg und Bad Tölz wurde die Behörden- und Schulstadt Weilheim im Rahmen der Landkreisreform am 1. Juli 1972 zur Kreisstadt des neuen Landkreises Weilheim-Schongau. Die Stadt Weilheim bildet das Zentrum des berühmten oberbayerischen Pfaffenwinkels, dessen Bezeichnung mit dem althochdeutschen Wort *papho* = Mönch, Pfaffe zusammenhängt und dessen latinisierte Form *(angulus monachorum)* Dekan Franz Sales Gailler 1756 erstmals in seiner *Vindelicia Sacra,* der Beschreibung des Dekanats Weilheim, festhielt. In den zwölf Klöstern zwischen Andechs und Ettal, Steingaden und Beuerberg siedelten Augustiner-Chorherren und Benediktiner. Die Klöster Benediktbeuern, Polling und Wessobrunn entstanden Mitte des 8. Jahrhunderts, die letzten Klostergründungen erfolgten 1330 durch Kaiser Ludwig den Bayern in Ettal, 1455 durch Herzog Albrecht III. in Andechs und 1640 in Weilheim durch Kurfürst Maximilian I. Klöster und Kirchen im Pfaffenwinkel trugen mit ihrer reichen Ausstattung entscheidend zur Entwicklung Weilheims als altbayerischer Künstlerstadt besonders nach 1600 bei.

Stadtanlage

Bis 1825 war die spätmittelalterliche Stadtanlage Weilheims weitgehend unversehrt erhalten. Den auch im heutigen Stadtbild erkennbaren, spezifischen Charakter mit fast quadratischem Altstadtkern und den Vororten *Obere Stadt* im Osten und *St. Pölten* im Süden kann man im Kataster-Plan von 1811 deutlich ablesen. Drei Ereignisse standen am Beginn der Veränderung des ehemaligen Stadtbildes: Der Brand des Franziskaner-Klosters nördlich des Schmiedtores (1825), der Abbruch des Heilig-Geist-Spitals südlich der Stadtpfarrkirche Mariae Himmelfahrt (1826) und der Bau der Eisenbahnstrecke von München 1866.

Pöltner Gasse mit ehemaligem Torturm, um 1870

Bis dahin bot sich dem Reisenden und Wanderer, der in die Stadt kam, das einheitliche Bild eines seit dem 12. Jahrhundert gewachsenen Gemeinwesens mit nicht einmal 2.000 Einwohnern (bis um 1840). Das Stadtzentrum bildet seit 1538 der Freiraum des Marienplatzes mit dem Rathaus und der Stadtpfarrkirche, die sich mit dem ehemaligen Heilig-Geist-Spital am Kirchplatz zu einem Ensemble schloß. Seit 1698 beziehungsweise 1830 schmücken die Mariensäule und der Vier-Jahreszeiten-Brunnen den Marienplatz. Ursprünglich führte – ähnlich der Ledergasse – nach Osten eine breite Marktstraße am ehemaligen Kirchfriedhof vorbei. Im Grundriß der Altstadt lassen sich drei Straßen als rechtwinklig einander zugeordnete Hauptachsen erkennen: Die Schmiedstraße, der Marienplatz mit der Admiral-Hipper-Straße als Verlängerung, und die schon 1357 als *Reichsstrass* erwähnte Pöltner Straße. Etwa zu einem Drittel besteht noch der ursprünglich 1.055 m lange Mauerring, der in der heutigen Form – mit kleinen Schießscharten und Brustwehr – aus der zweiten Hälfte des 15. Jahrhunderts stammt. Die Mauer wurde bis 1872 von den drei ehemaligen Tortürmen überragt. An der früheren Ausfahrt nach München stand das Schmiedtor; das Obere Tor bildete den östlichen Abschluß der Obertor- bzw. Herrengasse (jetzt Admiral-Hipper-Straße), und das Pöltner Tor schloß als Stadtturm mit der Feuerglocke die Stadt nach Süden ab. Das ehemalige herzogliche Pflegsschloß (jetzt Finanzamt) am Ende der Hofstraße, und das Amtshaus, die *Fronfeste* neben dem *Schergentürl* (jetzt Justizvollzugsanstalt) sind als öffentliche Gebäude spätestens seit 1690 bzw. 1837 mit einer Seite in die Stadtmauer integriert.

Östlich des heutigen Rathauses (neben dem ehemaligen Oberen Tor) schließt sich der Rathausplatz an, der früher die Bezeichnung *Auf der Hofstatt* hatte. Nach der Errichtung des ehemaligen *Gasthofes und Brauerei zur Post* hieß er Postplatz. Die Straße nach Seeshaupt zog sich dann weiter durch die Niederlassung der Bauern und Handwerker, deren Vorort *Neue Vorstadt* und *Obere Vorstadt* benannt wurde. Das optische Bindeglied zwischen diesen beiden Ortsteilen stellt die ehemalige Seemühle neben dem einstigen Getreidekasten des Klosters Ettal dar. Wesentlich tragen zur Charakterisierung der Oberen Stadt, wie sie heute allgemein heißt, der offen fließende Stadtbach und die giebelständigen Häuser bei. Der Bach floß noch bis 1872 auch durch den Stadtkern offen, ursprünglich vielleicht an der Südseite des Marienplatzes, spätestens wohl seit 1686 (zweiter Bau des Alten Spitals) an der Südseite des Kirchplatzes entlang. Hier trieb man auch die Pferde zur Reinigung in die vom Stadtbach gespeiste Schwemme, weshalb der Platz früher *Auf der Schwemm* hieß. Nach Süden, anschließend an das ehemalige Pöltner Tor, erstreckt sich der Ortsteil St. Pölten mit der Kirche des Hl. Hippolyt als herausragendes Denkmal. Durch den Abbruch des Tores 1874 bildet heute das Haus Gattinger mit der neubarocken Fassadenmalerei den Abschluß der Pöltner Straße, die die Verbindung nach Garmisch-Partenkirchen und Schongau einleitet. Obwohl sich Weilheim nach dem 2. Weltkrieg stark vergrößert hat, blieb die ursprüngliche Stadtanlage mit Teilen der Mauer und des ehemaligen Grabens weitgehend erhalten und sichtbar. Den modernen Bedürfnissen angepaßt, sind die meisten Hausfassaden stark verändert, viele auch vergrößert. Kellerräume als älteste Bauteile reichen bis ins Spätmittelalter zurück und dokumentieren die ursprüngliche Fassadenbreite von 5,5 bis 11 Meter. Der Wechsel von traufseit- und giebelständigen Häusern – ihre Tiefenerstreckung schwankte ungefähr zwischen 14 und 20 Metern – veranschaulicht noch gut den seit dem 17. Jahrhundert erhaltenen Stadtcharakter.

Stadtgeschichte bis 1238

Frühgeschichte

Siedlungsspuren aus frühester Zeit finden sich lediglich in der unmittelbaren Umgebung des heutigen Weilheim. An den Ufern des Jakobsees bei Polling muß es – nach den Funden zu schließen – eine kleine Niederlassung um 2000 v. Chr., also in der Jungsteinzeit, gegeben haben. Als das spätere Oberbayern als Provinz Raetien Teil des römischen Reiches wurde, gab es in der Gegend von Weilheim Gutshöfe für Veteranen *(villae rusticae),* die ihnen zur Rente überlassen waren. An diese Zeit erinnert auch die heutige Römerstraße, ein Teil der ehemaligen Heer- und Handelsstraße, die von Verona über den Brenner, Mittenwald und Partenkirchen zur Provinzhauptstadt Augsburg (das alte *Augusta Vindelicum*) führte. Der bedeutende Münzfund auf Weilheimer Stadtgebiet bei Marnbach bezeugt die Römerherrschaft in ihrer Endphase im 3. Jahrhundert. Merowingische Gräber fanden sich aus dem 6./7. Jahrhundert bei St. Pölten.

Mittelalter

Die Entstehung eines Dorfes mit dem Namen *Wilhaim* wird spätestens in die Zeit um 800 fallen, nachdem die drei frühen Klöster Benediktbeuern, Polling und Wessobrunn um die Mitte des Jahrhunderts (739–753) der Sage nach von Herzog Tassilo, bzw. vom adligen Geschlecht der Huosi gegründet waren. Jedenfalls entstand wohl in der zweiten Hälfte des 8. Jahrhunderts ein erster Holzbau der Hippolyt-Kirche; das nebenstehende Gut gehörte später dem Kloster Polling. Sichere Nachricht haben wir dann mit der ersten Erwähnung des Dorfes im Jahr 1010, in einer zu Regensburg ausgestellten Urkunde des Königs und späteren Kaisers Heinrich II. von Bamberg, anläßlich der Wiedererrichtung des von den Ungarn zerstörten Klosters Polling. Im selben Jahrhundert begann wohl eine erste Entwicklung des kleinen Ortes, als um 1080 *Edle zu Weilheim* in der Geschichte auftauchen (bis 1312). Der Ansitz befand sich wohl an der Stelle des späteren Pflegschlosses in der Hofgasse. Die spätere Ortsgestaltung mit übersichtlich angelegten Straßenzügen in drei Himmelsrichtungen könnte auf die Initiative des Wittelsbacher Herzogs Otto II. (1231–1252), des Gegenspielers der Grafen von Andechs-Meranien, zurückgehen, in deren seit 1208 heftig umkämpften Machtbereich Weilheim bis 1248 lag.

Romanisches Fensterkapitell aus der Stadtpfarrkirche, um 1200

Der neue Ort entwickelte sich im 12. Jahrhundert bereits so stark, daß ihm 1176 die Marktrechte verliehen wurden. Sie berechtigten nicht nur zur Abhaltung von Märkten, sondern auch zur Ausübung der niederen Gerichtsbarkeit. Das Dorf um die Kirche St. Pölten hatte sich vor allem nach Norden und Osten hin zur Marktgröße entwickelt, deren Hauptachse die breite Ledérergasse mit dem Schrannengebäude bildete. Als letzter Teil des werdenden Stadtkerns entstand wahrscheinlich das Gebiet zwischen Schmied- und Obertorgasse, da sich hier langgezogene Grundstücke in besonders auffallender Regelmäßigkeit nebeneinander finden. Das Anwachsen der Bevölkerung forderte bald auch die Vergrößerung der alten Kirche St. Pölten und den Neubau einer Pfarrkirche (ebenfalls Mariae Himmelfahrt?) um 1200. Deren Grundmauern (Apsis) konnten 1977 ergraben werden, der zweite Bau von St. Pölten ist vor 1250 und 1261 erwähnt.
Eine besondere Ehre widerfährt dem aufblühenden Markt noch ein Jahr vor der offiziellen Erhebung zur Stadt, als der Stauferkaiser Friedrich II. (1212–1250) auf einem Zug nach Italien über Mittenwald und den Brenner in Weilheim im August 1237 Station macht, eine Urkunde unterzeichnet und siegelt, die die Entgegennahme passauisch-österreichischer Lehen für 1400 Mark und gegen Aufrechnung von 600 Pfund Heller *zur Befriedigung der die Passauer Kirche bedrängenden Gläubiger zu Rom und zu Siena* bestätigt.

Stadtgeschichte 1238–1865

Hochmittelalter

Die Originalurkunde der Stadterhebung ging beim Großbrand des Jahres 1382 zu Grunde, aber die herzoglichen Brüder Stephan und Johann erneuerten damals *alle die Rechte, Freiheiten und guet Gewohnheiten, die sie von Alter hergebracht und gehabt haben.* Mit Sicherheit wurde Weilheim unter Herzog Otto II. vor dem 11. Oktober 1238 zur Stadt (lateinisch *oppidum*) erhoben, denn an diesem Tag erklärten päpstliche Notare in der *Stadt* Weilheim einen Streit zwischen den Pröpsten von Rottenbuch und Steingaden *als null und nichtig.* Die Stadterhebung verpflichtete zum Bau einer Befestigung, zu Verwaltungstätigkeit und Überwachung der Steuern, der örtlich gültigen und am Rathaus angebrachten Maßeinheiten (z. B. die *Elle,* der *Fuß* oder das Weilheimer Getreidemaß) und der Gewichte. Der seit 1176 tätige Stadtrichter war als staatliches Aufsichtsorgan und für die Rechtssprechung im Rahmen der niederen Gerichtsbarkeit verantwortlich. Ein Stadtrat ist in Weilheim erst 1368 bezeugt, ihm oblagen seitdem diese Aufgaben.
Schon im Mittelalter gab es um Weilheim mehrere Güter (Dietlhofen, Rösselsberg, Rothsee, Waizacker). Durch die Wahl Dr. Richard Freiherr von Weizsäkkers zum Bundespräsidenten im Jahr 1984 wurde der vermutliche Stammsitz der Familie von besonderem Interesse: Am 17. Mai 1282 verkaufte *Ulrich Watsacher, Purger von Wilhaim* sein neues Haus *bei Watsacher an Chunrat, Schreiber von Pol-*

ling und dessen Bruder Hermann von Wilzhofen. Der *Watsacker* war ein Kleidersackmacher oder -händler, der selbst oder dessen Nachkommen, (also in der 2. Hälfte des 13. Jahrhunderts) bei Weilheim ansässig gewesen sein muß. Waizacker ist heute noch als Gut in Betrieb.
Die Entwicklung Weilheims zu annähernd städtischem Aussehen wird in der ersten Hälfte des 14. Jahrhunderts faßbar, nachdem eine zweite, wesentlich vergrößerte Stadtpfarrkirche in gotischem Stil (nach 1300) und eine Stadtmauer mit drei Tortürmen errichtet waren (Pöltner Tor vor 1359). In diese Zeit fallen auch die Bauten des Heilig-Geist-Spitals (1328/35 im Ortsteil St. Pölten und 1367 *innerhalb der Mauer,* am heutigen Kirchplatz).

Spätmittelalter und frühe Neuzeit

Im 15. Jahrhundert sind, für die Baugeschichte in der Stadt bemerkenswert, der erste Steinbau des Rathauses in der heutigen Admiral-Hipper-Straße (1435), die Errichtung der Oktogon-Kirche St. Salvator am Betberg-Friedhof (1449) und der Neubau der Leprosenkirche St. Johann in Töllern (1490). Noch heute existiert ein 1497 datierter steinerner Badezuber, der auf die damalige Einrichtung des *Oberen Bades* in der Obertorgasse schließen läßt. Ihm folgte 1561 das sogenannte *Untere Bad,* unmittelbar daran angebaut (heute Stadtapotheke; der westlich daran anschließende Gebäudekomplex entstand nach 1538 neben dem Stadtbach, inmitten der Gasse). In der Zeit um 1506/07 verlegte Herzog Albrecht IV. der Weise den Amtssitz seines Landrichters vom Hochschloß Pähl in die Stadt selbst. Die Aufhebung des Kirchfriedhofes im Jahr 1521 – auf Anweisung Herzog Wilhelms IV. – schuf die Möglichkeit für den späteren Neubau des freistehenden Rathauses nördlich der Stadtpfarrkirche. Eine erste künstlerische Blüte erlebte Weilheim mit dem Zuzug und der Geburt bedeutender Künstler und Kunsthandwerker seit Mitte des 16. Jahrhunderts, so daß man bei den Bildhauern von einer *Weilheimer Schule* spricht (um 1590–1630). Die wichtigsten Vertreter waren Jörg Petel, Hans Krumpper und Christoph Angermair, die später in Augsburg und München tätig waren und – im engeren Sinne – die ortsansässigen Bildhauer Hans Degler und Bartholomäus Steinle. Die Handwerkstradition setzte sich bis um 1800 fort, wenn auch das künstlerische Niveau des Frühbarock nur noch von Franz Xaver Schmädl, dem Bildhauer des Pfaffenwinkels im 18. Jahrhundert, erreicht wurde.

Marienplatz mit Mariensäule, Stadtmuseum, Stadtpfarrkirche (1985) ▸

1573
MARIA
SINE LABE
CONCEPTA
INTERCEDE
PRO NOBIS
PROFESSIS

Barockzeit

Die Ammer war für die Flößerei ungeeignet, doch gab es bis 1943 einen Trifthof (am Ende der Trifthofstraße) für den Stammholztransport von Oberammergau nach Weilheim. In einem von Herzog Maximilian I. unterzeichneten Vertrag zwischen den Orten Weilheim und Dachau ist die Gründung des Trifthofes auf den 22. August 1611 festgelegt. Er befand sich im Besitz der Staatlichen Forstverwaltung, ging aber 1943 in städtischen Besitz über (dann Umspannwerk).
Im 17. Jahrhundert entstanden wichtige Neubauten in der Stadt. Der persönliche Baumeister von Herzog Wilhelm V., Hans Krumpper, schuf die Pläne der kunsthistorisch interessanten, neuen Stadtpfarrkirche Mariae Himmelfahrt (1624–1628). Ein Franziskanerkloster, an der Stelle des heutigen Bürgerheims, wurde 1639/40 errichtet und bestand bis 1802. Im Jahr 1690 erfolgte ein Neubau des ehemaligen Pflegschlosses an der Hofstraße, seine Grundform ist heute noch erhalten. Dagegen findet sich keine Spur mehr vom zweiten Heilig-Geist-Spital am heutigen Kirchplatz, das der Wessobrunner und spätere Weilheimer Bürger Kaspar Feichtmayr mit angebauter Kapelle und reichem Fassadenschmuck errichtet hatte. Ignaz Degler, der Urenkel von Hans Degler, schuf noch 1698 aufgrund eines Gelübdes der Weilheimer Bürgerschaft die Figur der marmornen Mariensäule auf dem Hauptplatz.
Erst rund hundert Jahre später sind wieder größere Baumaßnahmen bekannt: 1782 erfolgten Umbau und Neuausstattung der Pfarrkirche St. Pölten durch den Wessobrunner Baumeister Franz Joseph Bader und die Stukkatoren Thassilo Zöpf und Edmund Doll. Bald danach, in den Jahren 1788–1790, ging man daran, das Alte Rathaus am Marienplatz zu erweitern und aufzustocken. Die Bau-Ausführung lag in den Händen von Stadtbaumeister Kaspar Heckerle, zur Gestaltung der frühklassizistischen Fassaden zog man Franz Joseph Bader bei.

Frühes 19. Jahrhundert

Schließlich gab es in der ersten Hälfte des 19. Jahrhunderts zwei Neubauten, von denen insbesondere das Heilig-Geist-Spital mit seiner Kirche, im klassizistischen Stil von dem Weilheimer Leonhard Schmidtner 1826 errichtet, das Stadtbild prägte. Zwei Jahre später entstand ein erstes Theatergebäude an der Stelle des heutigen Stadt-Theaters (Erweiterungsbau 1975/76).
Der Neubau des ehemaligen Franziskanerklosters als Krankenhaus und Spital war nach dem Brand vom 30. August 1825 notwendig geworden, obwohl die Finanzkraft bereits durch einen Großbrand in der Oberen Stadt im Jahr 1810 und nicht zuletzt durch die wirtschaftlichen Folgen der Säkularisation 1803 einschneidend geschwächt gewesen sein muß. 1834 erfolgte nochmals ein Großbrand in der Oberen Stadt, der seit der Stadterhebung fast 600 Jahre zuvor der letzte bekannte blieb (vorausgehende Brände wüteten 1382, 1414, 1434, 1633, 1723, 1733, 1739, 1744, 1793; die letzten Hochwasser gab es 1883, 1899, 1910, 1940, 1947, 1970, 1979).

Brand des ehemaligen, zu „Herbergen" umgestalteten Franziskanerklosters; die Bürger sind in den Trachten der Zeit dargestellt.
Links das ehemalige Schäfflerhaus, rechts die Franziskanerkirche von 1639/40, daneben das Schmiedtor (Gemälde von 1825/26 im Stadtmuseum)

Das erste, nachweisbare Geldgeschäft in Weilheim fand am 1. Februar 1428 statt, als das Ehepaar Umpan durch *ewige,* d. h. nicht rückzahlbare Verpfändung ihrer Liegenschaft, für ein halbes Pfund Münchner Pfennige den beachtlichen Betrag von zehn Pfund Münchner Pfennige erhielt. Für diejenigen Weilheimer Bürger, die es sich leisten konnten, Spargroschen auf die hohe Kante zu legen, war der 4. Dezember 1836 ein besonderer Tag: Er ging mit den ersten Einzahlungen bei der neugegründeten Sparkasse in die Geschichte ein. Eine Antonie Kaiser zeichnete als erste Kundin den Betrag von 101 Gulden. Die Begeisterung der Weilheimer über die neue Sparmöglichkeit hielt sich allerdings in den folgenden Jahren in Grenzen, zumal die Gesamteinlage aller Kunden für die Sparkasse und damit für die Stadt Weilheim von der Regierung limitiert wurde.

Ansicht von Westen mit Stadtpfarrkirche, Pöltner Torturm und Kirchenanlage St. Pölten, um 1870

Stadtentwicklung seit 1866

Der Bau der Bahnstrecke von München über Starnberg nach Weilheim (und die spätere Weiterführung über Murnau nach Garmisch 1879) brachte Weilheim nach Zeiten des Niedergangs wirtschaftlichen Aufschwung. Dieser basierte allerdings nicht primär auf künstlerischen Kräften, sondern auf Handwerk und Gewerbe. Er muß aber so stark gewesen sein, daß die Stadtväter die Enge der Kleinstadt mit dem Abbruch der Tortürme 1872–74 mindern wollten. Man sah anscheinend keine andere Möglichkeit, den anwachsenden Fuhrverkehr zu bewerkstelligen! Die Zeit schien so vorüberzueilen, daß man sich gleichzeitig der geruhsamen Vergangenheit erinnerte – und 1882 ein *Städtisches Museum* gründete. Rasch wuchs auch die Bevölkerung an:

1840:	2247	1925:	6114
1855:	2363	1939:	7296
1867:	3133	1950:	11145
1880:	3829	1961:	12329
1890:	3939	1970:	14444
1900:	4466	1980:	17101
1910:	5249	1986:	17849

Das Stadtgebiet hat sich heute auf 55,5 ha ausgedehnt, nachdem am 1. Januar 1978 die Dörfer Unterhausen, Deutenhausen und Marnbach eingemeindet waren.
Die heutige Bedeutung als Kreisstadt mit Sitz aller Schultypen und wichtigen Äm-

ter wuchs mit der Ausweitung und Verteilung der ursprünglich beim Landrichter vereinten Aufgabenbereiche. Die Entstehung des Bezirksamtes, des Land- und Bezirksgerichts, des Finanzamtes (Rentamt seit 1803), des Vermessungs-, Bau- und Zollamtes ging übrigens einher mit dem Druck der neuen Presse-Organe des *Weilheimer Bezirksboten* 1859, des *Weilheimer-Werdenfelser Wochenblattes* 1866, das seit 1. Oktober 1870 als *Weilheimer Tagblatt* herauskam. Die erste Zeitung für Stadt und Umgebung gab es schon im Oktober 1834 mit dem *Wochenblatt des königlich bayerischen Landgerichts Weilheim.*

In unmittelbarem Zusammenhang mit dem Bahnbau stand auch die Ausweitung und Beschleunigung des Postwesens. Bis dahin wurde die Post am Postplatz beim *Postbräu* abgefertigt, dann im Bahnhofsgebäude selbst. Das war aber den Weilheimern gleich zu weit draußen, deshalb wurde eine *Kgl. Postexpedition Weilheim 1* in die Räume des inzwischen aufgehobenen Brothauses und der Schranne im (alten) Rathaus verlegt. Im Bahnhof gab es außerdem die *Postfiliale Weilheim 2,* ein für eine Kleinstadt erstaunliches Privileg. Erst 1920 erfolgte der Bau eines eigenen Postgebäudes gegenüber dem Bahnhof. Hier gab es am 16. Mai 1923 ein welthistorisches Ereignis: Das erste Selbstwähl-Fernamt wurde in Betrieb genommen! Eine erste Telefon-Anlage in Weilheim war am 1. Oktober 1899 betriebsbereit, mit ganzen 14 *Abonnenten* und zwei öffentlichen Sprechstellen.

Mit dem enormen Bevölkerungszuwachs – er übertrifft mit mehr als 500 % in kürzerer Zeit sogar die prozentuale Zunahme der Erdbevölkerung seit 1800 – mußte das Gesundheitswesen der Stadt erheblich ausgeweitet und verbessert werden. Hatten seit 1327 das alte Heilig-Geist-Spital, seit dem Spätmittelalter die Bader im *Oberen und Unteren Bad* und seit 1521 das Bruderhaus (an der Stelle des heutigen Landratsamtes) als erstes *Krankenhaus* die Pflege kranker und alter Menschen übernommen – dazu kam 1561 die erste bayerische Apotheke in nichtklösterlichem Besitz –, so gab es erst 1881 mit dem Neubau des Städtischen Krankenhauses an der Johann-Baur-Straße eine entscheidende Wende im Gesundheitswesen. Der erste bescheidene Anfang städtischer Gesundheitspflege in der Neuzeit war mit der Einrichtung einiger Räume im 1827 erbauten Heilig-Geist-Spital gemacht, doch konnten sie auf Dauer nicht genügen, zumal ein Jahr später das Bruderhaus abgebrochen wurde. Als Pflegepersonal waren schon 1863 die beiden ersten Barmherzigen Schwestern vom Orden des Hl. Vinzenz von Paul tätig gewesen, ab 1883 übernahmen diese dann die aufopferungsvolle Pflege in Spital und Krankenhaus. Noch heute (Mitte 1987) dienen zehn Ordensschwestern, vom Mutterhaus in Augsburg aus betreut, im modernen, vergrößerten Bürgerheim auf dem Gelände des ehemaligen Franziskanerklosters und Spitals. Das Krankenhaus wurde in den Jahren 1962–64 und mit einer Intensivstation 1985/86 erweitert und zum 1. Januar 1986 dem Landratsamt übereignet. Katharina und Ludwig Mayr stifteten 1911 ein Waisenhaus in der Waisenhausstraße (seit 1977 *Regionalzentrum der Region Weilheim in der Diözese Augsburg*).

Eine *Erleuchtung* wurde Weilheim zuteil, als am 5. Dezember 1864 500 Gasflammen Straßen und Häuser der Innenstadt erhellten, so daß *die Nacht erstmals zum Tage verwandelt wurde.*

In den *goldenen zwanziger Jahren* wurde die Bautätigkeit fortgesetzt mit dem Bau des Wehrkreiskommandos, dem späteren Amtsgericht an der Alpenstraße (vor 1914 und 1925), mit der Entstehung des neuen Stadtteils *Aufeld* und der Vollendung eines großen Stadttheaters (1928). Amtsgericht und Theater wurden 1984 und 1976 erweitert. Die dreißiger Jahre sahen wiederum die Errichtung zweier wichtiger Gebäude: 1935/36 das neue Rathaus, anstelle des alten Schlachthofes, neben dem ehemaligen Oberen Tor und 1938 die Hochlandhalle nordwestlich der Innenstadt, jenseits der Ammer. Die Hochlandhalle, ein damals kühner Bau des Weilheimer Stadtbaumeisters Moritz Glück (1886–1981), war notwendig zunächst für die Entwicklung zum bedeutendsten Umschlagplatz für *Tierzucht* im südwestlichen Oberbayern, heute zusätzlich – wegen der guten Akustik durch das freitragende Holzsparren-Gewölbe – als Ort von Großveranstaltungen mit 1200 Plätzen.

Nach dem Krieg wurde der Durchbruch der heutigen Alpenstraße dringlich. Hatte sich schon zu den Olympischen Winterspielen 1936 und an Sonntagen der Verkehr Auto an Auto über den Marienplatz und durch die enge Kirchgasse gezwängt, so war der tägliche Verkehr zu dieser Zeit in der Altstadt nicht mehr tragbar. Allerdings schneidet heute die mit dem Durchbruch von 1959 erzielte Verkehrsader die Altstadt von der Oberen Stadt ab, eine Umgehungsstraße ist im Gespräch.

Hochlandhalle für Zuchtviehverbände, von Baumeister Moritz Glück und Fresken-Maler Padua, 1937/38

Rathaus mit Postlinde und Kruzifix, 1936

Seit 1950 führte eine rege Wohnungsbau-Tätigkeit zur Entstehung neuer Stadtviertel (z. B. *Neue Heimat, Paradeis, Au*). Gleichzeitig erfolgte auch eine Erneuerung der Brücke (1965), nachdem die in früheren Jahrhunderten oft zerstörte Ammerbrücke bereits 1861 und 1903 erneuert worden war. Inzwischen entstanden auch zwei Fußgängerstege im Paradeis und in der Au (1986).
1968 baute man, vorbildlich für Kleinstädte, eine Kläranlage, neue Schulbauten entstanden und der Erweiterungsbau von St. Pölten konnte geweiht werden. Zwei Jahre zuvor hatte Weilheim *sein* Stadtmuseum als *Museum des Pfaffenwinkels* im Alten Rathaus erhalten und die Städtische Musikschule gegründet.
Seit 1971 besteht mit der französischen Stadt Narbonne eine Städtepartnerschaft, die gegenseitige Besuche von Schülern, Erwachsenen und Künstlern mit sich brachte.
Mit der Neukonstruktion der Haube in fast 39 Metern Höhe präsentierte sich der alte Kirchturm von Mariae Himmelfahrt wieder in neuem Glanz. Der Marienplatz wurde mit dem Ausbau zur Fußgängerzone 1975/76 zum ruhiger schlagenden Herzen Weilheims, zu seiner *guten Stube*. Die Einweihung fand am 26. September statt.
Wirtschaftlichen Zuwachs und Bevölkerungsvermehrung erfuhr Weilheim mit den Eingemeindungen. Sie gingen fast gleichzeitig einher mit einer wirtschaftlichen Neubelebung in Form der ersten Oberland-Ausstellung im Herbst 1977. Diese in zweijährigem Turnus abgehaltenen Ausstellungen für Handwerk und Gewerbe erfreuen sich weiterhin großer Beliebtheit, da Weilheim insbesondere nach 1960 einen enormen wirtschaftlichen Aufschwung nahm: Der Aufbau industrieller Fertigungsanlagen mittelgroßer Betriebe und die Einrichtung zahlreicher Kaufhäuser, Einkaufszentren, Läden und Geschäfte zieht die Bevölkerung aus dem weiteren Umkreis in die Stadt, nach dem Motto: *Komm nach Weilheim, kauf gut ein!* In der Nähe der Hochlandhalle, unmittelbar an der Ammer, steht seit 1987 die neue, von den Architekten Fritz Zaska (Weilheim) und Josef Zimprich (Garmisch-Partenkirchen) errichtete Stadthalle mit einem Platzangebot für 800 Personen. Hier können Konzerte, Bälle und Tagungen stattfinden. Die letzten Bauvorhaben von 1986/87 sind die Neubauten des Feuerwehrhauses, der Direktion der Landpolizei Weilheim und der Staatlichen Landwirtschaftsschule. Außerdem entsteht ein Erweiterungsbau des Arbeitsamtes an der Karwendelstraße.

Marienplatz mit Mariensäule und Stadtbrunnen, zur Fußgängerzone ausgebaut 1976

Name und Wappen

Name

Die Entstehung des Namens Weilheim oder ursprünglich Wilhaim ist bisher nicht eindeutig geklärt. Dazu gibt es zwei grundlegende Hypothesen. In der Urkunde des damaligen Königs Heinrich II. aus dem Jahr 1010 ist der Ortsname *Wilhaim* in seiner ursprünglichen Form zum ersten Mal verbürgt. Der spätere Name *Weilheim* – in Deutschland noch sechsmal bestehend – taucht erstmals 1313 in einer Münchner Augustinerurkunde auf. Es ist anzunehmen, daß das althochdeutsche Wilhaim als Bezeichnung für das Dorf bei der Kirche St. Pölten (2. Hälfte 8. Jahrhundert) zur Zeit Karls des Großen entstanden war. Die Silbe *wil* könnte ein aus dem lateinischen *villa* abgeleitetes Lehnwort sein, das ursprünglich Landgut hieß (als *villa* wurde im Mittelalter allgemein eine nichturbane Siedlung benannt). Die Silbe *haim* bzw. *Heim* bedeutet Wohnsitz, Heim. Somit müßte der Ortsname in überlieferter Erinnerung an die einstigen *villae rusticae,* d. h. die Veteranen-Gutshöfe in der Umgebung des Dorfes, entstanden sein, mit der wörtlichen Bedeutung: *Der Wohnsitz bei den Villen.*

Die Edlen zu Weilheim hatten auf einer Anhöhe bei Oberhausen ihren Stammsitz. Mit dem Begriff Stammsitz steht der Name *Wil-haim* vielleicht über östliche Sprachwurzeln in Zusammenhang: **vila* = Bezirk, Hoheitsgebiet und **haima* = heim als Stammsitz. Man sollte nämlich nicht außer acht lassen, daß die Besiedlung des Weilheimer Umlandes nicht nur von Römern geprägt ist, sondern auch von prä-slavischen und prä-ungarischen Bewohnern hergeleitet werden kann.

Wappen

Zur Frage der Entstehung der Stadtwappen gibt es zeitliche und heraldische Probleme. Für 1261 ist das erste Stadtwappen in der Chronik des Klosters Benediktbeuern beschrieben: Es handelt sich um ein spitzbogig schließendes Wappenschild, auf dessen Silbergrund eine Mondsichel und drei Sterne in Gold angebracht waren. Nach dieser Darstellung handelte es sich um einen abnehmenden Mond, während das entsprechende, an der ehemaligen Holzdecke des Ratssaales von 1435 aufgemalte Wappen einen zunehmenden Mond – ohne Sterne – zeigte.

Die Verleihung des zweiten Weilheimer Stadtwappens in der ersten Hälfte des 14. Jahrhunderts durch Herzog Ludwig den Bayern steht wohl mit der Errichtung eines massiven Mauerrings und der drei Tortürme in Zusammenhang. So weist das rundbogig schließende Wappenschild, wiederum auf silbernem Grund, eine rote Befestigung mit drei zinnenbewehrten Türmen auf. In der Mitte, unter dem meist höheren Mittelturm, befindet sich ein Tor mit goldenen Türflügeln. Wahrscheinlich entstand das Wappen nach dem Tod des letzten Freiherren Heinrich dem Weilheimer (1312). Nachgewiesen ist es 1374, sechs Jahre nach der ersten Konstituierung eines Stadtrates. Als Umschriften sind überliefert: *S. (igillum) communitatis* (oder *unversitatis) civium Weilhaim.* Die lateinischen Bezeichnungen kann man frei übersetzen mit *Siegel der städtischen Bürgergemeinschaft Weilheim.*

Stadtmauer am Oberen Graben mit Finanzamt, erbaut 1909. An dessen Stelle stand der Ansitz der Edlen zu Weilheim und später das Pflegschloß

Ansicht von Nordosten (Stich von Lucas Troger, 1798)

Stadtbefestigung

Mauerring

Man kann davon ausgehen, daß mit der Erhebung zur Stadt die rechtliche Pflicht einherging, zum Schutz des Stadtkerns eine massive Wehrbefestigung zu errichten. In der ersten Hälfte des 13. Jahrhunderts war die auch für Weilheim gesicherte lateinische Bezeichnung *oppidum* üblich für Kleinstädte mit Erdwerk und Plankenbefestigung. Nun ist bekannt, daß im Jahr 1236 eine große Anzahl von Bäumen in einem dem Kloster Polling gehörigen Wald geschlagen wurde, die wohl zum Zweck einer (provisorischen) Palisadenmauer Verwendung fanden. Eine entsprechende Wallaufschüttung und ein Graben werden ebenfalls existiert haben.
Das zweite Stadtwappen Weilheims, ein für diese Zeit typisches *Mauersiegel,* deutet auch wegen der Nennung der *civium* (= Bürger), auf einen wirklichen Mauerbau mit Türmen in der ersten Hälfte des 14. Jahrhunderts hin. Mauerumwehrte Städte nannte man damals *civitates,* die Siegel dieser Städte dokumentierten spätestens seit 1300 den gerade entstehenden oder vollendeten Mauerbau. Für Weilheim darf man annehmen, daß er erst nach der Vollendung der gotischen Stadtpfarrkirche Mariae Himmelfahrt begonnen wurde, also wohl um 1320/30. Mit der Erwähnung des Pöltner Tores vor 1359 gibt es den frühesten Beleg für eine steinerne Stadtmauer.
Untersuchungen haben ergeben, daß sie ursprünglich von einem circa sechs Meter tiefen Graben umgeben war. Ihn durchfloß auf der Südseite ein Teil des Stadtbaches, er wurde aber selbst bei feindlicher Bedrohung nicht geflutet. Aus verteidigungstechnischen Gründen verlief die doppelschalige Mauer aus Pollinger Tuff an der Nordseite gerade, West- und Ostseite waren leicht geschwungen und die Südseite wies eine starke Krümmung auf. Dieser besondere Verlauf des Mauerrings

ist im Katasterplan von 1811 noch klar zu erkennen. Ursprünglich trugen Mauer und Türme einen Zinnenkranz, dieser wurde jedoch nach dem Aufkommen der Feuerwaffen im 15. Jahrhundert zu einer ca. 190 cm hohen Brustwehr vermauert, und diese mit *Schlüsselscharten* und neuem Wehrgang versehen.

Tor- und Wehrtürme

Zusätzliche Sicherheit boten vier Tortürme, von denen die drei Haupttore – wie alte Ansichten und Grabungen bestätigen – mit Vorwerken und Zwinger verstärkt waren. In der geraden, nördlichen Mauer standen drei weitere Türme: An der Nord-Ost-Ecke der *Veyl-Turm* und westlich davon zwei halboffene, polygonale Wehrtürme. Das *Schergentürl* neben dem Gefängnis in der Westmauer diente als unbefestigter Einlaß in die Stadt. Noch vor 1798 mag Weilheim das Bild eines *Pfaffenwinkel-Rothenburg* geboten haben!
Der 1527 erstmals erwähnte *Veyl-Turm* war ein markanter Eckturm, in dem Schuldner und die zum Tod Verurteilten, durch Galgen (am Galgenberg bei Töllern) oder bei der *Köpfleinslinde* (in der Nähe des heutigen Bahnhofs), vor ihrem letzten Gang eingesperrt wurden (zuletzt 1746). Damit hängt auch die besondere Bezeichnung zusammen: *Veyln* = Fehlen, einen Fehler begehen (englisch *to fail*). Vermutlich wegen zu großer baulicher Schäden mußte der Turm zwischen 1798 und 1810 abgebrochen werden.
Beim Neubau des Gefängnisses *(Amtshaus)* als *Fronfeste* 1837/38 und 1856 wurde das nebenstehende *Schergentürl* in den Baukomplex integriert, und der Torturm entsprechend erhöht. Bis zu dieser Zeit stand hier ein freistehender, mit einem Pyramidendach überdeckter Turm, der den schmalen Durchlaß bewachte.
Nachdem der Bau der Eisenbahnverbindung München – Weilheim 1866 den Aufbruch in die moderne Zeit auch in die kleine Stadt gebracht hatte – wurde der Mauerring allmählich für den auch anwachsenden Fuhrwerksverkehr zu eng. War schon München Vorreiterin und Vorbild für den Bau von Stadtmauer und Türmen im 14. Jahrhundert, so hielt sich der damalige Stadtrat in Weilheim auch diesmal an das dortige Vorbild teilweiser Abbrüche, die Tortürme – da *zwecklos und ohne ästhetischen Wert* – einzureißen, obwohl der Historische Verein von Oberbayern *dringendst* ihre Erhaltung wünschte, um *damit den Dank der Nachwelt zu sichern.*
Die ersten Abbrucharbeiten begannen im Mai 1872 am Oberen Tor. Zum Glück wurden zuvor Zeichnungen angefertigt, die eine Rekonstruktion der Situation des Oberen und des Schmiedtores ermöglichen. Doch auch das Pöltner Tor konnte mit Hilfe erhaltener Fotos und der Ergebnisse einer früheren Fundamentgrabung in seinem Aufriß weitgehend genau rekonstruiert werden.
Das Obere Tor (auch Post-Tor genannt) stand unmittelbar neben dem Aquädukt für den über den Graben fließenden Stadtbach. Es war mit vierzehn Metern Höhe nur fast halb so groß wie die beiden anderen Tortürme, doch ebenfalls mit einem Vorwerk bis in Höhe der Mauer-Brustwehr verstärkt. Eine Vorstellung davon kann man aus den erhaltenen Stichen von Matthäus Merian und Michael Wening

Ehemaliges Schmiedtor, Südansicht, um 1870

gewinnen; das erhaltene Foto der Ostseite zeigt noch das alte Zollhaus. Kettenschlitze sind nicht erkennbar; dies deutet darauf hin, daß aus diesem Tor ursprünglich keine Zugbrücke führte.

Eine Besonderheit stellte das 25 Meter hohe *Pöltner Tor* dar (erwähnt 1358, Abbruch im November 1874): Es war mit seiner 1793 errichteten, hölzernen Oktogon-Laterne gleichzeitig Stadtturm, dessen Glockenklang Brände anzeigte oder *Arme Sünder* auf ihrem letzten Gang begleitete. Die Glocke läutete auch zum offiziellen Tages- und Arbeitsbeginn um 5 Uhr, und abends um 21 Uhr forderte sie zum Verlassen des Gasthauses auf – deshalb hieß sie auch *Hußausglocke*; eine Stunde später war die kleine Stadt *verschlossen,* man konnte nur noch durch das *Schlieftürlein* eingelassen werden – natürlich gegen Bezahlung. Sogar den Bürger-

meister Josef Klieber (1830–36) soll es da einmal erwischt haben. Man kann diesen Turm – er wurde auch *Ypoliten-Tor* und später *Kraut-Turm* genannt – als den elegantesten in Weilheim ansprechen.
Aber auch das *Schmiedtor* (auch *Münchner-* und *Unteres Tor*) wirkte, zumindest auf der Stadtinnenseite, mit seiner spätbarocken Putzgliederung und in seiner Massigkeit imponierend (Höhe 22 m). Dieser Torturm, in dem zuletzt zwei Arrestzellen eingebaut waren, fiel der Spitzhacke im November 1873 zum Opfer. Er wurde auf Abbruch versteigert, die Uhr kam auf den Kirchturm von St. Pölten.
Die Beseitigung der Tortürme muß die Weilheimer Bevölkerung doch in einen inneren Zwiespalt versetzt haben. Der Heimatforscher Andreas Schmidtner (1815–1906) drückte den Konflikt mit den Worten aus: *Schöner wurde der Anblick der Stadt dadurch nicht, wenn auch bequemer die Passage.*

Die Edlen zu Weilheim (um 1080 – vor 1318/um 1360)

Weilheimer Adelsfamilien

In Weilheim gab es im Mittelalter mehrere vornehme und begüterte Familien, die man dem niederen Landadel zurechnen kann. Sie wurden als *Edle* bzw. *Frei-Herren* bezeichnet. Diese Familien betrachteten sich als Auserwählte, die nicht in leibeigenem Frondienst stehen mußten. Zu ihnen gehörten die Edlen von Schürfeisen (um 1260), die Edlen Eisenreich, die Peißenberger Edlen Mairhofer (um 1350) und vor allem die Familie Halder, die als *guet alt Geschlecht von Wilhaim* bekannt war. Die Freiheiten bezogen sich auf die zuerkannte Siegelmäßigkeit, d. h. sie hatten das Recht, durch ihr eigenes Wappensiegel urkundenähnliche Schriftstücke auszufertigen. Ihre Wohnhäuser waren durch einen Erker und zwei vor dem Haus miteinander verbundene Eichenpfosten ausgezeichnet (z. B. das *Neuchinger- oder Halderhaus*). Die Bewohner dieser die *Freyung* genießenden Häuser waren der Gerichtsbarkeit des Rates entzogen und von den allgemeinen Steuern befreit (zu zahlen war allerdings zweimal jährlich die Rittersteuer an den Pfleger).
Die Edlen zu Weilheim waren das älteste Geschlecht und gelten als Verwandte des Bischofs Norbert von Chur, der 1083 das Kollegiatsstift Habach gegründet und 1085 bestimmt hatte, daß der Schirmvogt dieses Stifts immer aus seiner nächsten Verwandtschaft hervorgehen müsse. Außerdem waren sie mit den Edlen von Rothsee und derer von Fünsingen verwandt. Verbindungen bestanden auch zu den Edlen von Deutenhausen und zu den Grafen von Andechs-Meranien. Adelige Dienstmannen hatten die Weilheimer unter den Edlen von Wilzhofen. Bei diesen zahlreichen Verbindungen verwundert nicht eine große Anzahl von Besitzungen, zu denen sogar Güter in Tirol als Lehen des Bischofs von Brixen zählten.
Das Stammwappen der Edlen zu Weilheim bestand – wie es eine Urkunde von 1255 zeigt – aus drei Halbringen in den Farben blau, rot und grün auf weißem Grund.

11. und 12. Jahrhundert

Als ältestes Familienmitglied ist ein *Gebini* (= Gebhard) um 1080 als *von Weilheim* beurkundet. Auf ihn folgte sein Sohn Bernhard I.; er wird 1135 als Schirmvogt des Chorherrenstifts Habach genannt und starb um 1149. Dieser wiederum hatte fünf Söhne namens Norpert, Bernhard II., Engilingus und Gebino, ein Heinrich wird Mönch im Kloster Wessobrunn, dessen Schwester Mechtild Nonne im Wessobrunner Frauenkloster. Die klösterliche Laufbahn schlug auch Norpert ein, der Domherr in Augsburg und Freising und seit 1156 Abt des Klosters Wessobrunn wurde. Die Weilheimer Besitzungen übernahm jedenfalls Bernhard II., der in Pollinger Urkunden immer wieder als *Bernhardus nobilis de Wilhaim* oder *von Husen* (= Ober-Hausen) genannt wird (z. B. 1177 und 1186): Wahrscheinlich siedelten die Freiherren seit der Zeit um 1170 auf dem Wildenberg zwischen Oberhausen und Achberg.

13. und 14. Jahrhundert

Der Nachfolger Bernhards II. wurde sein gleichnamiger Sohn, nachdem der Vater wohl um 1190 gestorben war. Jedenfalls erscheint 1218 dieser Bernhard III. als Zeuge in einer Urkunde, 1207 ist er erwähnt anläßlich eines dem Kloster Benediktbeuern bei Auseinandersetzungen zugefügten Schadens, den er später durch das Geschenk zweier Huben bei Tarrenz/Imst behob. Bernhard soll eine Schwester mit Namen Diemut gehabt haben, außerdem die Söhne Heinrich, Bernhard IV. und Eberhard (dieser war Domherr in Freising und Propst in Wörthsee/Kärnten). Heinrich taucht erstmals, zusammen mit seinem Vater, 1228 in einer Urkunde als Zeuge auf; durch die Erblichkeit der Schirmvogtei über Habach wurde er als Erstgeborener selbstverständlich Rechtsnachfolger für Familie und Amt (seit 1246). Als Familienoberhaupt fungierte er wohl seit 1253, dem Todesjahr Bernhards III. Heinrich von Weilheim starb aber bereits etwa zehn Jahre später.
Unsicher bleibt, ob der 1263 als Zeuge aufgetretene *Gebhardus de Wilhaim* ein Sohn oder Neffe Heinrichs war. Jedenfalls scheint er gegenüber seinem jüngeren Bruder (oder Vetter) Heinrich II. – er wurde Domherr in Freising und Propst im nahen Chorherrenstift St. Veit – kraft seines Erstgeburtsrechts den Vorzug erhalten zu haben. Dieser Gebhard I. siegelt erstmals 1271 und noch 1294 ist er als der *Weilhaimerius* im herzoglichen Rechnungsbuch angeführt. Er scheint aber noch vor 1300 gestorben zu sein. Inzwischen waren *die Herren von Weilhaimb des Klosters Schlehdorf Advocati* (= Schirmvögte), spätestens seit 1292.
Als Nachfolger trat nun der Sohn Gebhard II. an; er hatte die Geschwister Heinrich III., Elisabeth, Sophia, Othilia und Agnes. Gebhard II. ist bereits 1294 zusammen mit seinem Vater als Zeuge genannt. Ihn belehnte Herzog Rudolf vier Jahre später mit den Gerichten zu Apfeldorf. Überraschend starb der jüngere Gebhard schon vor dem 10. Februar 1300 und hinterließ die unmündigen Kinder Heinrich IV. und Agnes.

Nach dem Tode Gebhards trat dessen Bruder Heinrich III. das Erbe an, er erscheint in einem Lehensbrief von 1306 mit den Worten: *Wir Hainrich von Wilhaim vergehen offentlichen und tun chunt* .... Bereits sechs Jahre später scheint auch dieser Heinrich gestorben zu sein, denn Herzog Ludwig bestätigt in einem Pollinger Brief, daß sein *Getreuer, der edel Mann Hainrich von Weilheim, dem Gott genad', durch seiner und seiner Vorderen* (= Vorfahren) *Seel willen an das Gotteshaus ze Pollingen geben hat an seinem Tode 1 Hof ze Uffingen, 1 Mühl daselben und ½ Fischents.* Heinrich der Weilheimer starb kinderlos, so daß die Nachfahren als Kinder Gebhards II. zu gelten haben.
Mit Heinrich III. war der direkte, einheimische Familienzweig von Weilheim/Oberhausen in männlicher Linie ausgestorben. Am Leben waren jetzt noch der Propst Heinrich II., die Schwestern Gebhards II. und seine beiden Kinder Heinrich IV. und Agnes, die Gemahlin Wilhelms von Seefeld. Spätestens 1318 jedoch starb mit Heinrich II. anscheinend der letzte siegelberechtigte Freiherr zu Weilheim, denn in einem Lehensbrief vom 13. August 1318 heißt es: *König Ludwig theilt mit Heinrich von Sevelt Leute, Lehen und Gerichte, die zu Wildenberg* (bei Oberhausen) *gehören. Geben zu Ingolstadt.*

Nachfahren

Aus Anlaß der Erhebung dieser stattlichen Erbansprüche könnte man schließen, daß Heinrich IV. bereits als Kind verstorben sei oder – aus welchen Gründen auch immer – auf alle Erbansprüche verzichtet haben muß, und die weiblichen Familienangehörigen keine männlichen Erben mehr bekamen. Dagegen spricht allerdings die Nachricht, daß sich noch bis zum Tod des Grafen Meinhard von Tirol 1363 Herren von Weilheim in dessen Gefolge befunden hätten. Zudem wurde bekannt, daß um 1700 in Straßburg wiederum Herren von Weilheim auftauchen und diese wegen der Französischen Revolution 1793 nach Wien auswanderten. Völlig ungewiß bleibt allerdings die Herkunft dieser neuzeitlichen Weilheimer Freiherren, von denen um 1930 noch vier Familien in Wien beheimatet waren.

Landgericht Weilheim

Entstehung und Ausdehnung

Seit Mitte des 11. Jahrhunderts befanden sich Weilheim und seine unmittelbare Umgebung im Besitz der Grafen von Dießen und späteren Grafen von Andechs-Meranien, die Besitzungen von Franken bis zur Adria hatten. Doch 1208 wurden sie der Mitwissenschaft an der Ermordung König Philipps verdächtigt, geächtet und der Hoheitsrechte entkleidet. Die Grafschaft Andechs wurde bei dieser Gelegenheit den Wittelsbacher Herzögen zugesprochen, der Besitzwechsel erfolgte allerdings erst 1248 mit dem Tod des letzten Andechser Grafen. Schon vorher hatten den Wittelsbachern Besitzungen in 28 Ortschaften und die Vogteien über die Klöster Wessobrunn und Polling gehört, die um 1224 in einem Amtsbezirk (als *Ampt ze Wilhaim*) zusammengefaßt waren. Aber erst nach der Eingliederung der Andechser Eigen- und Lehensgüter, der Vogtei über die reichen Klöster Dießen und Benediktbeuern und die im Bezirk ansässigen Edelfreien – von Antdorf, Iffeldorf, Weilheim und Seefeld – konnte eine von Beamten getragene Landgerichtsorganisation eingerichtet werden.
Die wachsende Arbeitslast der Regierungsgeschäfte im Zuge des Ausbaues der Landesverwaltung zwang schon im 13. Jahrhundert die Herzöge, für die Wahrnehmung der administrativen und richterlichen Aufgaben Vertreter im Territorium zu bestellen. War dies im Bereich des Hofes und des herzoglichen Haushalts in erster Linie der Hofmeister, so erschien für die Geschäfte auf dem flachen Land der aus dem Kreis der höheren Ministerialen hervorgegangene *vice-dominus,* der *Vitztum,* als Vertreter des Landesherrn für die Erledigung der dem Herzog zukommenden richterlichen, militärischen, polizeilichen und finanziellen Aufgaben. Wahrscheinlich seit der Entstehung der Teilherzogtümer 1255 war das Land in mehrere Amtsbereiche für Vitztume eingeteilt. Nach dem Aufbau der Amts- bzw. Gerichtsbezirke verkörperte der Pfleger oder Landrichter die Autorität des Landesherrn. Er war militärischer Befehlshaber, er übte die Aufsicht über den Mittelpunkt des Landgerichts, die Burg aus, er hatte für die öffentliche Sicherheit zu sorgen, er verwaltete das herzogliche Kammergut und war Inhaber der hohen (Blut-)Gerichtsbarkeit, die ihm durch die herzogliche Bannleihe übertragen war.
Mit der Neugliederung durch die bayerischen Herzöge beginnt auch die Pfleg- und Gerichtshoheit des ursprünglichen Landgerichts Pähl mit Sitz auf dem dortigen Hochschloß. Mit dem Umzug des Pflegers in die Stadt Weilheim um 1506/07 hieß es dann Landgericht Weilheim-Pähl.
Von 1250 – drei Jahre später ist der erste Landrichter bekannt – bis 1270 entsprachen die Grenzen der Andechser Grafschaft weitgehend dem neuen Landgerichtsbezirk: Seine Nordgrenze war zwischen Amper und Würm gleichlaufend mit der Bistumsgrenze, welche die Diözesen Augsburg und Freising trennt, bezog dann aber, im Gegensatz zur Grafschaft Andechs, auch das ganze Würmtal bis Pasing und das Gebiet zwischen Würm und Isar bis an den Südrand des Forstenrieder

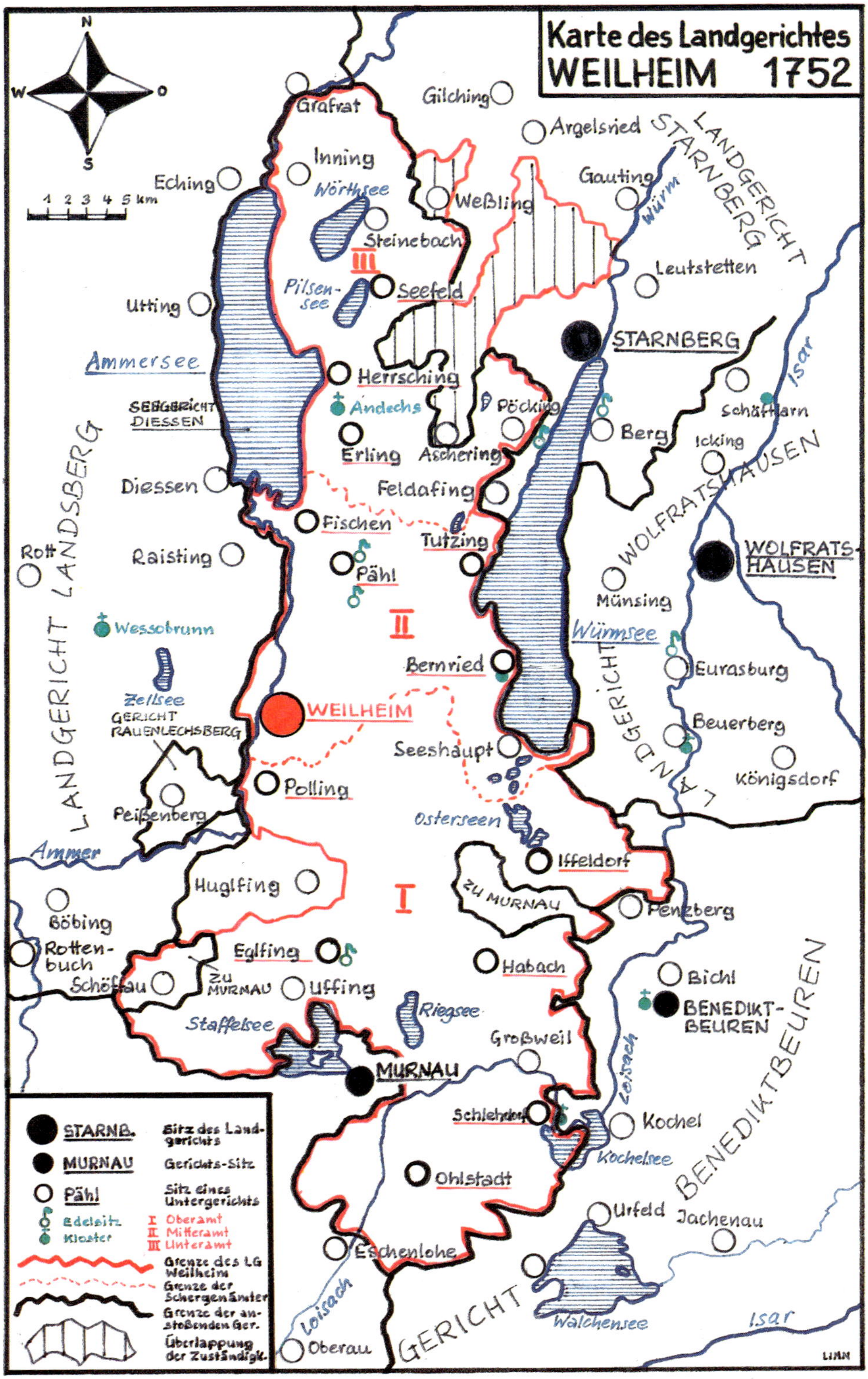

Karte des Landgerichtes
WEILHEIM 1752
N
S
W
O
1 2 3 4 5 km
STARNB. Sitz des Landgerichts
MURNAU Gerichts-Sitz
Pähl Sitz eines Untergerichts
Edelsitz
Kloster
I Oberamt
II Mitteramt
III Unteramt
Grenze des LG Weilheim
Grenze der Schergenämter
Grenze der anstoßenden Ger.
Überlappung der Zuständigk.
WEILHEIM
STARNBERG
WOLFRATSHAUSEN
MURNAU
BENEDIKTBEUREN
LANDGERICHT STARNBERG
LANDGERICHT WOLFRATSHAUSEN
LANDGERICHT LANDSBERG
BENEDIKTBEUREN
GERICHT
SEEGERICHT DIESSEN
GERICHT RAUENLECHSBERG
Ammersee
Wörthsee
Pilsensee
Würmsee
Zellsee
Osterseen
Staffelsee
Riegsee
Kochelsee
Walchensee
Würm
Isar
Ammer
Loisach
Grafrat
Gilching
Argelsried
Inning
Eching
Gauting
Weßling
Steinebach
Seefeld
Leutstetten
Utting
Herrsching
Andechs
Pöcking
Berg
Schäftlarn
Icking
Erling
Aschering
Diessen
Feldafing
Fischen
Tutzing
Rott
Raisting
Pähl
Münsing
Wessobrunn
Bernried
Eurasburg
Beuerberg
Seeshaupt
Königsdorf
Polling
Peißenberg
Iffeldorf
Hugling
ZU MURNAU
Penzberg
Böbing
Rottenbuch
Eglfing
Habach
Bichl
Schöffau
ZU MURNAU
Uffing
Großweil
Schlehdorf
Kochel
Ohlstadt
Urfeld
Jachenau
Eschenlohe
Oberau
LINN

Parks in das Gericht mit ein. Die Ostgrenze verlief am Würmseeufer und Singerbach entlang, stieß bei Achrain an die Loisach und schloß das ganze spätere Klostergericht Benediktbeuern ein. Anscheinend bildete im 13. Jahrhundert die Loisach zwischen Kochelsee und Hechendorf die Südgrenze des Gerichts. Auf weite Strecken ist die genaue Westgrenze nicht bekannt, sie zog etwa bis Polling und dann nach Westen, zwischen Peißenberg und Wessobrunn, zum Lech hin.
Zunächst war das neue Landgericht, ähnlich der Andechser Grafschaft, unterteilt in die Schergenämter Pähl, Antdorf, Eberfing, Neufahrn und die *Fliegende Grafschaft.* Diese Einteilung in fünf Untergerichtsbezirke bildete zugleich die Gliederung des wittelsbachischen Grundbesitzes im Landgericht. Daneben gab es noch die teils geschlossenen, teils unzusammenhängenden, aber umfangreichen Herrschaftsbereiche adeliger Geschlechter: Die Seefelder um den Pilsensee, die Weilheimer um die Burg Wildenberg bei Oberhausen, die Iffeldorfer bzw. die späteren Herren von Eschenlohe um Murnau bis nach Garmisch hinein. Nach 1270 und besonders im 14. Jahrhundert veränderte sich das Landgericht stark durch die Bildung des Landgerichts Landsberg und die Gründung des Klosters Ettal 1330, durch das Aussterben der Herren von Weilheim und der Grafen von Eschenlohe, durch die Einrichtung des Landgerichts Starnberg seit 1346 – mit gleichzeitiger Vogtei über das Amt Hochstadt des Klosters Benediktbeuern. Allerdings gab es keine fest umrissene Grenze zwischen dem Landgericht Starnberg und Pähl. In der zweiten Jahrhunderthälfte erfolgte dann die endgültige Einteilung des Landgerichts Weilheim-Pähl in drei Schergenämter: Das Oberamt mit dem Sitz des Schergen in Eberfing (seit 1506 in Obersöchering), das Mitteramt mit dem Amtmannssitz Pähl und das Unteramt mit dem Sitz des Schergen in Mamhofen (seit 1506 in Frieding). Die offenen Schrannen, d. h. die Gerichtstage, fanden meist in Pähl selbst, in Dietlhofen, manchmal in Weilheim, Huglfing und Wangen statt. Die endgültige Bezeichnung Landgericht Weilheim entstand erst 1520 mit der Verlegung des Pflegamtssitzes in die Stadt.

Herkunft der Landrichter

Das Landrichteramt auf Schloß Pähl bekleideten meist nur Angehörige des in Oberbayern ansässigen Adels, oftmals treten uns gerade die Repräsentanten des Ortsadels der benachbarten Orte entgegen. So sind in dieser Hinsicht die Namen der noch mittelalterlichen Pfleger und Richter sehr aufschlußreich: Bekannt sind ein Thaininger, ein Witoldshofer, ein Rohrmoser; Landrichter von Apfeldorf, von Widersperch, von Dießen, von Erling, von Eglfing, von Mundraching, von Schöffelding; Raistinger, Murnauer, Schondorfer, Wielenbacher, Romecker und die berühmteste Landrichterfamilie der Heselloher; diese übte ihr Amt in der Zeit von 1438–1496 aus. Das Amt des Pflegers und Richters wurde zumeist in Personalunion ausgeübt – wie es beim späteren Landrichter fast die Regel wurde – manchmal waren es zwei Personen. Die Lösung scheint sich weitgehend auch nach Eignung und Vermögen der vorhandenen Männer gerichtet zu haben. Ein Jurist schreibt hierzu im Jahre 1538: *Ist wohl nicht eine kleine Bürde neben der Pflege*

Hochschloß Pähl (Neubau 1883–85 von A. Schmidt), ehem. Sitz des Landrichters

auch gerichtliche Verwaltung zu haben. Darum wo die Pflege ohne die Gericht erlangt werden, dabei diejenigen, so wollen, in mehr Ruhe und in weniger Arbeit leben. Jedoch war der Pfleger – und später der Landrichter –, wenn er selbst nur die Pflege, d. h. die Verwaltung und nicht auch das Richteramt wahrnahm, unter allen Umständen verpflichtet, einen qualifizierten Richter anzustellen. Dies wurde dann später wichtig, als das Landrichteramt (oder die Pflege) im 17. und 18. Jahrhundert weitgehend eine Pfründe war, die auch für die finanzielle Versorgung von mehr oder weniger verdienten Persönlichkeiten aufkommen mußte. Zu ihnen gehörten dann auch Akademiker aus der Ingolstädter Landesuniversität, die damit den Einstieg in den Verdienst- und Beamtenadel schafften.

Das *Staatshandbuch* des Herzogtums Bayern war seit dem 15. Jahrhundert die Landtafel, nach Landgerichten geordnet. In ihr werden u. a. die *Planstellen* des herzoglichen Verwaltungs- und Gerichtswesens vorgetragen. Die Landtafel für Weilheim von 1560, die so noch weit ins 17. Jahrhundert Geltung hatte, weist folgende Berufe auf: Den *Pfleger, Kastner, Gerichtsschreiber* und *Ungelter* (diese Beamten entsprechen heute dem Landrat, dem Leiter des Finanzamtes, dem Leiter des Amtsgerichts und einem Beamten, der für die Getränkesteuer – weitgehend im Brauwesen – verantwortlich ist). Nur für die Pfleger gab es ein Adelsmonopol – das aber fallweise durch Erhebungen in den Adelsstand bei hochqualifizierten, bürgerlichen Verwaltungsfachleuten oder Offizieren durchbrochen wurde. Dementsprechend gab es unter den Weilheimer Pflegern bzw. Landrichtern eine ganze Reihe von Namen aus den damals großen staatstragenden Adels-Familien wie: Weichs, Gumppenberg, Tauffkirchen, Bodmann, Rechberg, Fugger, Törring, Seeau, Salern und Lachenmayr.

Aufgaben

Der Herzog und Kurfürst sollte sich auf seine Landrichter unbedingt verlassen können, er mußte jederzeit auch bei kriegerischen und diplomatischen Missionen auf sie zurückgreifen können. Dazu war eine materielle Sicherstellung, aber auch die Ausstattung mit Pferden und Rüstung notwendig.
So ist ein konkreter Einsatz aus der Zeit des Bauernkrieges bekannt: Im Mai 1525 mußte eines Nachts der Landrichter Lienhart Neuchinger geweckt werden, um die Lage zu begutachten, die durch die Lechüberquerung von angeblich 10.000 schwäbischen Bauern entstanden war. Er mußte dabei bis nach Rottenbuch und wieder zurück reiten. Zwei weitere Fälle sind bekannt: Der Besitzer des Hochschlosses Pähl und gleichzeitige Landrichter von Landsberg/Lech fiel *in Kriegsdiensten* 1632, als die Stadt von den Schweden besetzt worden war; gleichfalls im 30jährigen Krieg diente Hans Christoph Thanner von und zu Thann (Landrichter in Weilheim 1622–1626) auf dem Kriegszug in Böhmen, wohl einschließlich der Schlacht am Weißen Berg bei Prag. Erleichtert wurde das Zusammenspiel, vom Herzog über die Landrichter bis zu den gewählten Vierern der Bauern dadurch, daß alle ernsthaft Beteiligten gebürtige Bayern waren. Unter den Weilheimer Landrichtern waren nur zwei Nichtbayern: Jakob Graf von Cesena und Colle, der vorher Pfleger in Starnberg gewesen war, sich aber in Weilheim anscheinend nicht niedergelassen hatte (er liegt im Kloster Andechs begraben); der andere Nichtbayer war der schon genannte Graf Salern, in der Zeit, als mit der Kurfürstin Henriette Adelheit starker savoyischer Einfluß nach Bayern gekommen war. Im Landrichteramt gab es noch einen richtigen kleinen Hofstaat, der schon aus dem Zeitalter des Pferdes und von der Bewaffnung her bedingt war. Die Funktionen waren nicht immer und überall in gleicher Vollständigkeit vertreten, aber es konnten folgende Leute sein: Hauskämmerer und Büchsenmeister, Wagner und Schmiede, Kanzlisten und Inspektoren (für Schwaiganger!), Bierbrauer – besonders für das unter kurfürstlichem Regal stehende Brauen des Weißbieres. Manchmal wurden die Aufgaben auch kombiniert, was zu teilweise erheblichen Einkommensverbesserungen der Bediensteten führte – oft *ihrer vielen Kinder wegen.* Allerdings gab es nicht hauptsächlich feste Gehälter für Beamte, sondern es bestanden die Einkünfte in den sogenannten *Amtsnutzungen* (= *Sporteln!*), die man möglichst zu erhöhen suchte, wenn auch öfter durch Willkürmaßnahmen.
Im Bereich der Gerichtsbarkeit liefen staatliche und grundherrschaftliche Verwaltung parallel: Die niedere Gerichtsbarkeit war seit den ersten mittelalterlichen Freiheitsbriefen in den Händen der Stände (Adel, Bürgertum, Bauernschaft), während der Landesherr sich die Hohe Gerichtsbarkeit vorbehalten hatte. Die ständische Gerichtsbarkeit war noch bis in die 1. Hälfte des 16. Jahrhunderts – also bis einschließlich der Verlegung des Landgerichts von Pähl in die Stadt Weilheim – im Vordringen gewesen. Erst Herzog und Kurfürst Maximilian I. (1597–1651) führte die Gegenbewegung des fürstlichen Absolutismus an, die im Laufe des 17. bis 19. Jahrhunderts zu immer höheren Ansprüchen an die ständische Gerichtsbarkeit und damit auch zu ihrem Zurückdrängen führte.

Aufgabe jeder staatlichen Verwaltung ist es, für den regelmäßigen Eingang der Staatseinkünfte zu sorgen. Infolgedessen gehörte auch zu jedem Pflege- bzw. Landrichteramt ein Kastenamt. Dessen Vorsteher war der *Kastner,* nach dem Landrichter die zweitwichtigste Person im Verwaltungsbereich. Hauptaufgabe des Kastners war es, den herzoglichen oder später kurfürstlichen Kasten zu verwalten; dieser war noch bis zum Ende des Naturalzehenten in erster Linie ein Getreidekasten (*Troadkasten*), wie solche sich als zum Teil imponierende Bauwerke mit geänderter Zweckbestimmung bis heute erhalten haben (z. B. in Weilheim der Getreidekasten des Klosters Ettal, jetzt Polizeistation). Zum Betrieb dieser Kästen wurde je nach ihrer Größe ein ganzer Stab von Angestellten gebraucht: Der Kastenpropst, ein Schreiber und dessen Gegenschreiber, ein Amtmann, Kastenbereiter, Einspänniger und Knechte. Dem Kastenamt unterstanden auch die – selbstverständlich nicht hauptamtlichen, sondern nur zur Erntezeit eingesetzten – Zehntner, die in jeder Gemeinde für die Bereitstellung des großen Zehnts (vom Getreide und vom Wein) und des kleinen Zehnts (vom Flachs, von Rüben, Heu oder Grummet) zu sorgen hatten, dies alles nach dem Herkommen aufgrund der örtlichen Gegebenheiten. Der Zehentherr überprüfte die *kastenmäßige* Qualität, besaß das *Kastenmaß* genannte Getreidemaß und hatte für den zwangsläufigen Schwund, den *Kastenschwund,* geradezustehen.
Es war also ein gewaltiger Apparat, der sich zur Erntezeit auch in allen Hofmarken in Bewegung setzte, und dann während des Erntejahres so lange in Betrieb bleiben mußte, wie noch Getreide in den Kästen lagerte. Mit diesem mußte der Staat eine *fürsichtige* Getreidemarktpolitik betreiben. Das hieß einerseits, größere Teilbestände für Notfälle auf Lager zu halten, andererseits den Markt in einer auf das Gemeinwohl bedachten Weise zu füttern. Den größten Besitz an Urbarsbauern hatte das Kastenamt Weilheim in Wielenbach, dort waren es insgesamt 33 Höfe, vom 1/32 bis 1/4 groß und diese in einer Mischung von Leibrecht und Freistift.
Das Landrichteramt Weilheim war geteilt in Ober-, Mitter- und Unteramt. Im Oberamt gab es gegen Ende dieses Systems (1752) zwölf landesherrliche Höfe, von Sölden bis zu Halbhöfen in Frauenrain, Eglfing, Spatzenhausen, Schadmoos, Brand, Tauting, Aidling, Buchwies und in Kalkofen. Im Mitter- und Unteramt waren es 30 Höfe, von Leersölden bis zu ganzen Höfen, und zwar in Hadorf, Mamhofen, Unterbrunn, Oberbrunn, Frieding, Weßling, Auing, Meiling, Traubing, Deixlfurt, Wasach und Seeshaupt – deren Ortschaften damals noch alle zum Landgericht Weilheim gehörten.

Die Heselloher

An dieser Stelle erscheint es angebracht, einen Abschnitt der spätmittelalterlichen, aus Hesellohe (= Haselwald) bei München stammenden Landrichterfamilie Heselloher, insbesondere ihrer berühmten letzten Phase der Landrichtertätigkeit auf Hochschloß Pähl einzufügen, denn zehn Jahre nach dem Tod des Sylvest Heselloher 1496 zieht Jacob der Tuchsenhauser von Peißenberg in die Stadt Weil-

Gedenksäule für den Landrichter und Dichter Hans Heselloher beim Gut Rösselsberg, 1483

heim, in das Neuchingerhaus in der Obertorgasse (Admiral-Hipper-Straße); das Schloß der Wittelsbacher wird mit der Übergabe an die Augsburger Patrizier Paumgartner privatisiert. Hans der Heselloher stellt sich selbst und die Funktion eines Richters im *Herbst des Mittelalters* dar mit dem feierlichen Vorspruch vor den von ihm gefällten Urteilen oder Schiedssprüchen: *Ich Hanns Hesenloher an der Zeit Lanndt- und Statrichter zu Weylhaim bekenn offenlich mit dem Brief von Gerichts wegen als ich an offem Lanndtrechten zu Weylhaim gesessen bin und den Stab in der Hantt hett auch bey mir den gesworn Gerichtsschreiber mit sambt den Puch.* In der würdevollen Formel ist manchmal auch von der *offen Landschrannen* (mit Schranken abgegrenzter Bezirk vor dem Rathaus) die Rede, der *Stab* bezeichnet das Symbol der hohen Gerichtsbarkeit, mit dem *Buch* ist das Rechtsbuch Kaiser Ludwigs des Bayern von 1346 gemeint. Ursprünglich fanden die Verhandlungen des *Malefiz-Gerichtes* anläßlich krimineller Handlungen wie Raub, Körperverletzung und Mord unter Vorsitz des Land- oder Stadtrichters auf dem Weilheimer Marktplatz innerhalb der von der Stadt errichteten Gerichtsschranken statt. Nach dem Urteil brach der Richter den Stab über den Delinquenten (im Rast-Altar der Weilheimer Stadtpfarrkirche Mariae Himmelfahrt hat Gottvater den Stab über seinen Sohn gebrochen – eine aus der genannten Praxis übernommene Szene).

In der Rechtssprechung drückt sich in besonderem Maße die wichtige Rolle des Landrichters im Staatsgefüge aus, dazu kamen bei Hans Heselloher seit 1468 noch die Aufgaben eines Forstmeisters von Peißenberg. Sie brachten es mit sich, daß er einen Großteil seines Lebens im Sattel verbringen mußte, in einem Gebiet zwischen München, Andechs, Pähl, Weilheim, Murnau, Schongau, Rauhenlechsberg und Landsberg. Als Anlässe solcher strapaziöser Ritte galten zivilrechtliche Fälle, die *Drei Fälle* (d.h. Totschlag, Diebstahl und Notzucht), Fragen der Volkswirtschaft (Förderung und Aufsicht der Märkte, des Gewerbes, Straßen- bzw. Flößereiverkehrs und Mauthwesens, das speziell für das Weilheimer Landrichteramt im Rahmen der *Großen Politik* Bedeutung erlangte). Bei all diesen Aufgaben und deren genauer Erfüllung – sie waren Hans Heselloher seit 1460 auf Lebenszeit

übertragen – verwundert es nicht, wenn Herzog Christoph, dem die Burg Pähl seit 1475 gehörte, von Heselloher als seinem *lieben und getreuen Pfleger* spricht. Die beiden anderen Herzöge, unter deren Herrschaft Heselloher diente – es waren Albrecht III. und IV. – werden wohl ebenfalls mit ihrem Pfleger zufrieden gewesen sein, zumal er sich in besonderer Weise als Lieddichter bäuerlicher Gesänge mit höfischem Anspruch hervortat. Die Beziehung zu Herzog Christoph hatte sich fast persönlich gestaltet, da Heselloher zu einem stark beanspruchten Bindeglied zwischen den zerstrittenen herzoglichen Brüdern Albrecht IV. und Christoph, sowie zwischen Christoph und der Bevölkerung im Landgericht Weilheim aufstieg, deren Zufriedenheit immer ein gewisses Maß für rechte Amtsausübung zeigte.
Hans Heselloher erlebte und beschrieb scharfsinnig – bedingt durch Herkunft, Jugend, Bildung und Tätigkeit als Landrichter – das ganze Spektrum des bayerischen Volkes und seines täglichen Lebens, von der Wirtshausrauferei bis zur *Großen Politik* im grenznahen Bereich.

Neuordnung des Landgerichts

Die Praxis des Landgerichts Weilheim sah folgendermaßen aus: Die Landtafel weist im 16. und 17. Jahrhundert für das Landgericht Weilheim die mit eigener Gerichtsbarkeit ausgestatteten Hofmarken Benediktbeuern, Andechs, Polling, Schlehdorf, Bernried, Habach, Seefeld, Iffeldorf, Tutzing, Delling, Rieden, Mitterfischen, Pähl, Mühlfelden und eine Reihe von einfachen Ansitzen, sowie drei gefreite Häuser in der Stadt Weilheim aus (z. B. das *Neuchinger-Haus*).
Bei der Säkularisation 1803 wurden die Klosterhofmarken aufgelöst, die geistliche Gerichtsbarkeit der Klöster aufgehoben und die ehemals den Klöstern hörigen Bauern dem Staatsgefüge eingegliedert. Im selben Jahr wurde auch das Landgericht Weilheim völlig neu geordnet: Das Unteramt wurde dem Gericht Starnberg angegliedert. Teile der ehemaligen Klostergerichte Benediktbeuern und Ettal und des Landgerichts Landsberg kamen zum Landgericht Weilheim; 1812 und 1827 ergaben sich die bis 1977 gültigen Landkreisgrenzen, als nämlich Tutzing an das Gericht Starnberg und die Gemeinden Ohlstadt, Oberau, Eschenlohe und Schwaigen an das Gericht Werdenfels abgetreten wurden.
Als 1848 die Nieder-Gerichtsbarkeit endgültig aufgehoben wurde, war im Bereich des Landgerichts Weilheim als einziges grundherrliches Gericht Pähl im Besitz des Grafen Vieregg übrig geblieben – dessen Amtssitz aber in Tutzing, d. h. im Landgericht Starnberg, lag. Als Nachfolger der Kastenämter wurden die Rentämter, die späteren Finanzämter, geschaffen. In Weilheim blieben Rent- und Finanzamt auf demselben Grundstück, auf dem 1690 das neue Pflegschloß errichtet und 1909 das Rentamt eingerichtet wurde.
Zur Zeit der Reformen des bayerischen Ministers Montgelas bekam die bayerische Beamtenschaft eine Dienstpragmatik mit festen Gehältern und Pensionen, mit Anforderungen an die Ausbildung (Studium), mit Visitationen und Beförderungen. Damit entfiel auch das beklagte direkte Interesse an den *Sporteln* und Geldstrafen der Untertanen. Es gab nun keine Pfründe ohne Arbeitsleistung

mehr. Käuflichkeit und Erblichkeit von Stellen waren abgeschafft. Mit einem Gesetz von 1828 entstand in Bayern die Berufung eines Landrates, der alte Titel des Landrichters wurde 1852 durch den des Bezirksamtmannes ersetzt. In einem Edikt über die Gerichtsverfassung wurden, parallel zur allgemeinen Verwaltung, drei Instanzen geschaffen.
Das alte Landgericht Weilheim hatte immer zum Vitztum bzw. Rentamt München gehört, doch 1808 wurde es dem Isarkreis zugeteilt, der 1837 nach einigen Umorganisationen als Regierungsbezirk Oberbayern entstand. Gericht und Verwaltung wurden nach und nach bis 1862 getrennt und mit dieser *Gewaltenteilung* entstand als politischer Verwaltungsbereich das *Bezirksamt Weilheim,* in dessen Gebiet ein weitgehend unabhängiges Gerichtswesen etabliert war. An die mittelalterliche Bezeichnung *Landgericht* erinnert die seit 1879 gültige Bezeichnung *Amtsgericht Weilheim;* das frühere *Bezirksamt* ging 1935 im *Landkreis Weilheim* mit Murnau auf und wird seit 1978 – mit neuen Grenzen – als *Landkreis Weilheim-Schongau* benannt.

Amtsgericht an der Alpenstraße, erbaut als Wehrkreiskommando vor 1914, erweitert 1984

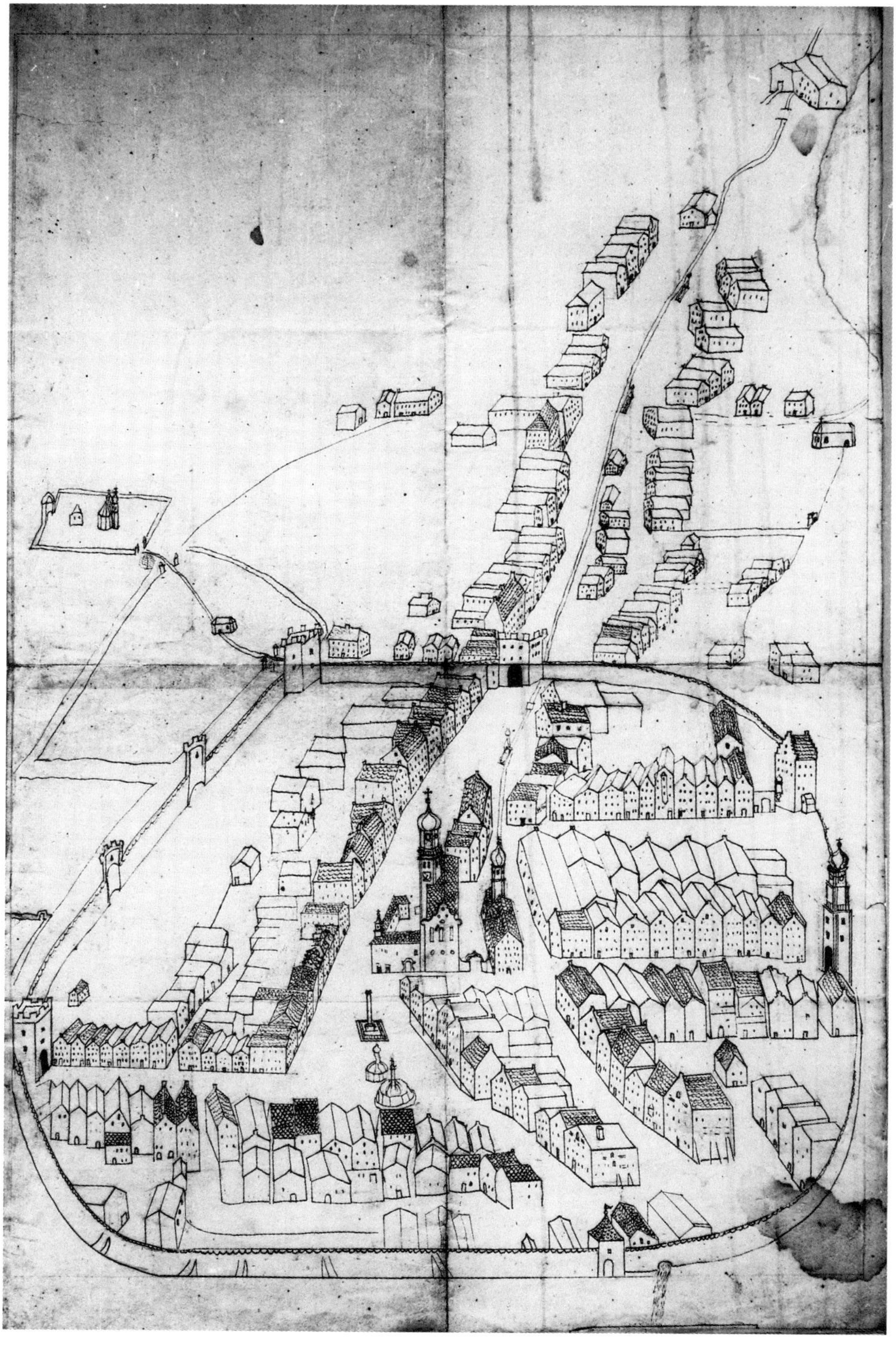

Stadtplan von Westen mit Ensemble Rathaus – Katharinenkapelle, Stadtpfarrkirche, ehemaliges Heilig-Geist-Spital in der Stadtmitte, um 1700

Stadtrat

Die ländliche Kleinstadt

Stadt im wirtschaftlichen Sinn ist ein Raumgebilde, in dessen Bereich vorwiegend Handel und Gewerbe betrieben werden. Sie wird zur Stadt im rechtlichen Sinn, wenn die Handel- und Gewerbetreibenden sich zur Selbstverwaltung der städtischen Angelegenheiten zusammenschließen. Die räumliche Grundlage der Selbstverwaltung ist ein abgegrenztes Gebiet, das sich vom flachen Land abhebt und innerhalb dessen die vom Recht der ländlichen Bezirke, der Dörfer verschiedenen städtischen Rechte mit der freieren Stellung der Bürger gelten. Es umfaßte gewöhnlich nicht nur die bebaute, von Mauer und Graben umgebene Wohnfläche – das Stadtgebiet im engeren Sinne –, sondern auch einen Teil der nächsten Umgebung. Bei dem Charakter der damaligen Landstädte, in denen ein großer Teil der Bewohner als Ackerbürger und Stadtbauern lebte, gehörten auch die unmittelbar um die bebaute Stadt liegenden und im Eigentum der Bürger stehenden, landwirtschaftlichen Grundstücke als deren Nahrungsgrundlage zum *Weichbild* der Stadt. Der Stadtrichter stand mit der Stadt als Verband, mit der Gemeinschaft der Bürger in Rechtsverbindung, nicht mit dem einzelnen Bürger. Es war also eine Körperschaft nötig, die die Interessen, Rechte und Pflichten der Gemeinschaft wahrnahm, d. h. die städtische Selbstverwaltung ausübte. Das eigentliche Organ der Selbstverwaltung ist der Rat als gewählte Vertretung der Bürgerschaft.

Das Münchner Stadtrecht als Vorbild

Die Ratsverfassung Weilheims war, ebenso wie die Verfassung für die Landeshauptstadt, ein von Kaiser Ludwig d. B. ausgestelltes, 1340/1365 erweitertes Privileg. Der Rat setzte sich zusammen aus vier *Bürgermeistern,* die sich in den vierteljährlich aufeinanderfolgenden Amtsperioden abwechselten und entsprechend mit *derzeit im Amt* unterzeichneten und zwei ihnen an die Seite gestellten Beisitzern: Diese sechs Personen bildeten den *Inneren Rat.* Der *Äußere Rat* bestand ebenfalls aus sechs Männern und wurde vom *Gemeinderedner* angeführt, dem bei der Wahl eine besondere Bedeutung zukam.

Ratswahl

Die alljährliche Ratswahl fand jahrhundertelang am 26. Dezember, dem Stefanitag, statt. Da versammelten sich alle wahlberechtigten Bürger im Rathaus, um zunächst den Gemeinderedner als wichtigste Person des Tages zu wählen. Nach altem Brauch wurden die beiden Beisitzer des alten Rates vorgeschlagen, von denen

einer als Gemeinderedner von den Versammelten bestätigt wurde. Unter Leitung dieses Mannes wurden dann zwei Wahlmänner bestimmt, welche die Mitglieder des Rates zu wählen hatten. Vor ihrer Tätigkeit wurden diese in Pflicht genommen und leisteten den vorgeschriebenen Eid: Sie sollten *einen Rat wählen, der der Herrschaft, der Stadt und dem Lande nützlich sei und sich an keine Gnade halten wolle.* Das Ergebnis der Wahl wurde sofort dem hochlöblichen Hofrat in München zur *gnädigsten Konfirmation* zugeschickt.
Als Kandidaten für die Wahl kamen Angehörige der vermögenden und vornehmen Bürgerfamilien in Betracht. Dabei sollten aber keine unwürdigen Personen – also öffentlich gescholtene oder Unehrenhafte –, aber auch keine *Gesippten, Verwandte oder Schwäger* in den Rat kommen, um einer Vetternwirtschaft vorzubeugen. Eine Regel, wer in den Rat gewählt werden sollte, etwa aus den Reihen der bisherigen Ratsherren, hat es anfangs wohl nicht gegeben; tatsächlich erscheinen aber jahrelang die gleichen Personen in den Ratskollegien. Anscheinend hat sich der Brauch herausgebildet, daß die Bürgermeister und die ersten zwei des neuen inneren Rates aus dem alten Rat genommen wurden. Allerdings war man auch an einer *Verkehrung,* d. h. einer Erneuerung des Rates interessiert. Bis um 1600 fanden die Ratswahlen anscheinend ohne Beeinflussung und Anwesenheit des Pflegers statt.
Am zweiten oder dritten Tag vollzog sich dann in feierlicher Weise der Endakt der Ratswahl. Wiederum versammelte sich die *Ganze Gmain* mit dem neuen Rat, sowie die Vertreter der kurfürstlichen Obrigkeit im Rathaus. Die vier neuen Bürgermeister und die Ratsherren schworen feierlich, daß *sie auf das Jahr getreulich raten und taten wollen zum Besten der Herrschaft, der Stadt und des Landes und sich nicht durch Furcht, Freundschaft, Gunst und anderes davon abhalten ließen.* Darauf leistete der kurfürstliche Pfleger oder der Stadtrichter einen Eid vor der Versammlung, *daß er gemainer Stadt, den Bürgermeistern, dem Rate und der Gmain die Freiheiten und Gesetze, so sie von allen vergangenen Herren, Kaisern, Königen und Herzogen von Baiern erhalten haben, bewahren werde.* Nach diesem Eid wurden dann von ihm alljährlich die *20 Punkte vorgehalten,* die man als eine Art Disziplinarsatzung für die Bürger betrachten könnte. So wurde unter anderem verlangt, daß ohne *Consens* des Rates keine Hochzeit stattfinden dürfe (eine kirchliche Heirat gab es bis 1564 nicht), daß jeder vor den Rat gerufene Bürger bei Strafe pünktlich zu erscheinen hatte, daß jedes Schelten, Fluchen, Gotteslästern bei strenger Strafe verboten seien, daß jede Person beim Aveläuten kniend das Gebet verrichte – auch wenn sie sich gerade auf der Straße befinde –, daß als Bettlertag nur der Freitag gelte und viele andere, bis ins Kleinste gehende Regelungen. Schließlich stellte der Pfleger der Gmain den Prokurator des Jahres vor, der die kurfürstlichen Belange in der Stadt zu überwachen hatte.
Den Abschluß dieser feierlichen Sitzung bildete alljährlich die Neuanstellung sämtlicher Beamten und Bediensteten der Stadt. Es gab nämlich damals keinen städtischen Beamten auf längere oder gar auf Lebenszeit. Am Jahresende waren alle Stellen ledig, die Inhaber mußten jeweils wiederum neu um Anstellung bitten. Diese Bitte wurde meist auch bei Verlesung des Protokolls gewährt.

Titelblatt *Rhats Protocoll Der Churfstl. Statt Weilhaimb in Obern Bayern, vorm Gebürg gelegen auf daß Jahr Christi 1659*

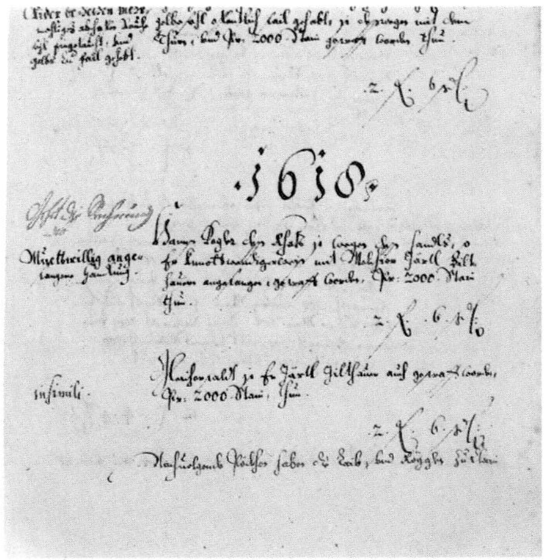

Aus dem Protokollbuch der Stadt Weilheim, 1618

Aufgaben

Mit der Wiederanstellung der bisherigen Beamten war die Sitzung beendet. In der nächstfolgenden ersten Ratssitzung waren sämtliche Diener der Stadt zur Eidesleistung vorgeladen. Die 1563 auf Pergament geschriebenen Eidelsformeln geben einen Einblick in die Tätigkeit der Bediensteten: Stadt- und Gerichtsschreiber, Amtmann, Bau-, Eich- und Waagmeister, Aufschläger, Bader, Bier-, Wein-, Fleisch-, Roß-, Leder- und Schuhbeschauer, Handwerker, Rotgerber, Ziegler, Mesner, Turmwächter, Zöllner, Schergen, Pfänder, Wald-, Feld- und Türhüter, Kornmesser und Hebamme.

Als eigentliches Organ der Selbstverwaltung hatte der Rat die gesamten Verwaltungsgeschäfte zu erledigen, im Inneren die Handhabung der Polizei, nach oben und außen die Regelung der Beziehungen zum Landesherrn bzw. Landrichter und seinen Beamten einerseits und zu den benachbarten Ämtern und Orten andererseits. Dabei traten die Bürgermeister und der Rat immer gechlossen auf. Eine eigene, vom Rat gesonderte Zuständigkeit der Bürgermeister läßt sich nicht feststellen, die Bürgermeister waren den Mitgliedern des inneren Rates gegenüber *Erster unter Gleichen.* Die Zuständigkeit des Rates im Innern, als Ausdruck der städtischen Autonomie, umfaßte die Gestaltung der Stadtverwaltung wie die Besetzung der einzelnen städtischen Ämter, einschließlich der mit dem Pfarrer gemeinsam zu besetzenden Stellen (Kirchenvorsteher, Schulmeister), dann die Verwaltung des städtischen Vermögens, die Festsetzung von Steuern und Abgaben und sonstigen Leistungen, die Ausübung der Sicherheits-, Bau- und Gesundheitspolizei, die Regelung von Gewerbe und Handel, von Maß und Gewicht, dazu kommt noch der Erlaß von Bestimmungen zivil- und strafrechtlichen Inhalts. Die

Befugnisse des inneren und äußeren Rates waren gegeneinander nicht streng abgegrenzt und eingeteilt, es läßt sich keine Rats- oder *Geschäftsordnung* nachweisen, die die Zuständigkeit der beiden Ratskollegien genau festgelegt hätte. Der äußere Rat wirkte mit bei Verfügungen über Vermögen und Gebäude, bei der Festsetzung des Steuersatzes, beim Erlaß von Bestimmungen über die Handwerker – solange sie nicht zunftmäßig organisiert waren – über die Benutzungsgebühr der Stadtwaage, bei der Regelung des Lohnes der Tagelöhner, Holzhauer, Drescher, bei der alljährlichen Beschlußfassung über den Biersatz, die Zahl der Sude und bei Bewilligung von Ausgaben (Besoldung der Stadtbediensteten).

Geschichtliche Entwicklung seit 1808

Mit der Einführung der *Kgl. Stiftungs- und Communal-Administration* durch Montgelas im Jahr 1808 beginnt ein neuer Zeitabschnitt der städtischen Verwaltung. Der bisherige Rat mit seinen Befugnissen wurde aufgehoben, jetzt hatten ein Bürgermeister und *Municipal-Räte* die Gemeinde-Angelegenheiten zu regeln. Der neue Geist der napoleonischen Ära hielt also auch in Weilheim Einzug, die jahrhundertealte Ratsverfassung wurde abgeschafft. Die einschneidenden Veränderungen gipfelten im französischen Zentralisationssystem, das die ganze Gemeindeverwaltung als einen Verwaltungsbezirk, ihre Vertretung und den Verwaltungsapparat als staatliche Vollzugsorgane betrachtete. Dieser Zustand dauerte zehn Jahre, bis zur *Bayerischen Verfassung* von 1818.
Das *Gemeinde-Edikt* vom 17. Mai 1818 hatte zur Folge, daß mit Beginn des Jahres 1819 Bürgermeister, Magistrat und Gemeindebevollmächtigte gewählt bzw. bestätigt und eingesetzt wurden. Für die Gemeinde Weilheim trat eine Besserstellung ein, wenn auch die Kuratel des Staates bestehen blieb. Verfassungsgemäß garantierte Freiheiten kamen hinzu, vor allem wurde den Städten eine großzügigere Handhabung der Vermögensverwaltung zugebilligt.
Ein grundsätzlicher Wandel trat aber erst mit dem Erlaß der *Bayerischen Gemeindeordnung* vom 29. April 1869 ein: Hier wurde den Gemeinden zum erstenmal grundsätzlich das Recht der Selbstverwaltung in rein gemeindlichen Angelegenheiten zuerkannt. Eine Staatsaufsicht löste die frühere Staatskuratel ab. Gleichzeitig wurde das *Zweikammersystem* eingeführt; jetzt standen die *Gemeindebevollmächtigten* dem *Magistrat* nicht nur beratend zur Seite, sondern hatten auch die Interessen der Gemeinde gegenüber dem Magistrat zu wahren. Für Weilheim bedeutete dies eine Kontrolle von 18 Gemeindebevollmächtigten – also der dreifachen Anzahl – gegenüber dem sechsköpfigen Magistrat. Es gab wiederum nur einen Bürgermeister. In Weilheim arbeitete seit 1909 mit Dr. Franz Überreither aus Würzburg der erste *rechtskundige* Berufsbürgermeister.
Schließlich brachte das *Bayerische Selbstverwaltungsgesetz* von 1919 die endgültige gesetzliche Festlegung des gemeindlichen Selbstverwaltungsrechts. Das Zweikammersystem wurde abgeschafft, weil man sich durch eine einheitliche Vertretung – *den Stadtrat* – in verstärktem Maße den demokratischen Aufbau des

Abschlußbild der beiden städtischen Kollegien aus Anlaß der Verfassungsänderung vom 14. 6. 1919

Gemeindelebens erhoffte. Eine Rückwärtsentwicklung zur zentralistischen Staatsverwaltung leitete die *Nationalsozialistische Deutsche Gemeindeordnung* von 1935 ein: Der Bürgermeister wurde nicht mehr gewählt, sondern hatte die alleinige Entscheidungsgewalt; der Stadtrat mußte nicht mehr angehört werden.
Nach dem Krieg galt wiederum eine *demokratische Gemeindeordnung*, sie trat 1952 in Kraft. Entsprechend der Größe der *Stadt zwischen 10.000 und 20.000 Einwohnern* gibt es einen berufsmäßigen 1. Bürgermeister und 24 Stadträte mit einfacher Stimmberechtigung. Der 2. Bürgermeister wird aus den Reihen des Stadtrates gewählt. Als kreisangehörige Gemeinde untersteht Weilheim der Rechtsaufsicht des Landratsamtes Weilheim-Schongau.

Gerichtsbarkeit

Das für die Geschichte des Städtewesens wichtige 13. Jahrhundert leitete auch auf dem Gebiet der Gerichtsverfassung eine bedeutende neue Entwicklungsphase ein: Die Gerichtsbarkeit der Städte und Märkte. Die städischen Privilegien enthielten auch die Verleihung von Gerichtsrechten für die neuen, mit rechtlicher Selbständigkeit ausgestatteten Gemeinwesen. Das städtische Satzungsrecht wurde für die Rechtssprechung im Stadtgebiet verbindlich. Allerdings hatten die Kommunen nur beschränkten Einfluß auf die Besetzung der Stadtrichterstelle; meist gestand ihnen der Landesherr ein Vorschlagsrecht zu. Wenn auch im Laufe

des 15. Jahrhunderts der Herzog noch daran festhielt, daß die Händel von den landesherrlichen Richtern abzuurteilen waren, so konnten sie doch nicht die Entwicklung aufhalten, die den größeren Städten im 16. Jahrhundert die volle Strafgerichtsbarkeit brachte. Die vielen kleinen Gemeinwesen, vor allem die Märkte, kamen jedoch nie über die hofmärkische Jurisdiktion hinaus. Das unter dem Vorsatz des Stadtrichters tagende Gericht wurde mit Urteilsfindern aus dem Kreis der Gerichtsgemeinde gebildet, wobei die Mitglieder des Rates zunächst keineswegs ein Monopol hatten. Nach der Einführung des Münchner Stadtrechtsbuches und seiner Verleihung an andere oberbayerische Städte wurde nun auch hier das Urteil nach dem Gesetzbuch gefunden. Außerdem galt nach 1346 das Landrechtsbuch. Der städtische Rat hatte selbst gewisse jurisdiktionelle Befugnisse, er übte die Aufsicht über den Stadtrichter aus und war gelegentlich Berufungsinstanz für Urteile des Stadtgerichts. In der Kleinstadt Weilheim allerdings werden die Machtbefugnisse des Stadtrichters als Vertreter des Landrichters nicht so eng begrenzt gewesen sein, er war vielmehr seinem Dienstherrn gegenüber verantwortlich.
Die Weilheimer Stadtkammerrechnungen und Ratsprotokolle seit 1520 geben Aufschluß über die örtliche Niedergerichtsbarkeit und die ausgesprochenen Strafen. So war die gewöhnlichste Strafe die Verurteilung zur Bezahlung von Steinquadern vor allem für die immer ausbesserungsbedürftige Stadtmauer. 500 Steine bildeten eine Art Minimum, es gab aber auch Urteile, die über die zehnfache Anzahl von Steinen lauteten. In den *Feil-, Fehl- oder Schuldturm* an der Nordostecke der Stadt kamen säumige Schuldner, die dort solange in Haft gehalten wurden, bis ihre Schuld bezahlt war. Die *Verurteilung zum Ambtshaus* (= Gefängnis) bedeutete schon eine härtere Strafe, deren rechtmäßige Befolgung der im Amtshaus selbst wohnende Stadtamtmann zu überwachen hatte. Häufig auferlegte Strafen waren die Verurteilung zum *Eisen* (am *Pranger)* und die Verhängung des *Narrenhäusls,* in dessen Genuß 1622 der Eschey (Feldhüter) kam, *weil er niemand gepfändet hat.* Seine Strafverbüßung war halbtagweise geteilt: *Den Vormittag ins Narrenhäusl, den Abend und die Nacht ins Ambtshaus gelegt worden.* Noch 1767 wurde die Prügelstrafe für den Armenhausbewohner in Töllern, Josef Schuechmayr, ausgesprochen, weil er *im Beisein vieler bürgerlicher Personen den Ratsknecht angepackt* und alle erdenklichen Beschimpfungen gegen den Rat ausgestoßen hatte. Dafür erhält er die Strafe von *25 konstitutionsmäßigen Carbätschen-Streichen,* also von Hieben mit einer aus Lederriemen geflochtenen Peitsche. Harmloser muten da schon Verurteilungen an, die den Besuch von Wirts- und Bräuhäusern verboten. Die *Peckenstraf* betraf die Bäcker, die es mit dem Brotgewicht nicht so ernst genommen hatten – ihnen drohten Geldstrafe oder Schuldturm. Unverständlich erscheint uns heute die sogenannte *Hochzeitsstraf,* die alle Hochzeiter traf, bei deren Fest die von Staats wegen bestimmte Anzahl der Gäste überschritten war. *Zuvil Volk* kostete z. B. den Streitl 1.000 Stein Strafe. Im Jahr 1538 – Weilheim vollendete gerade sein neues Rathaus am Marienplatz – hatten Wolfgang Gaß von Eglfing, Andrä Puttinger von Böbing und Benedikt Zapf von Peißenberg am Jahrmarkt einen *Rumor* gemacht und damit die *Freyung* gebro-

Justizvollzugsanstalt, errichtet als *Fronfeste* mit *Schergentürl* 1837/38 und 1856

chen. Sie mußten einen Gulden bezahlen. Diese Strafe drohte auch beim Brechen der Freiung des *Brothauses* und der *Metzg*.
War vom Landrichter, dem Herrn der Hohen Gerichtsbarkeit, ein Todesurteil gefällt worden, oblag dem Rat die Vollstreckung durch den städtischen Scharfrichter oder Henker (dem *Cle- oder Wasenmeister*); er wohnte im Wasenmeisterhaus in der Oberen Stadt, in Kirche und Wirtshaus mußte er abseits auf einem gesondert zugewiesenen Platz sitzen. Auf dem letzten Gang begleiteten den Delinquenten vier Wächter und zwei Bürger als *Ratszeugen* mit der Helmbarte. 1591 erhielt der Clemeister bei einer Hexenverbrennung eine Zulage von drei Schilling 15 Pfennigen, *weil er die Asche von den verbrannten Weibern in die Ammer geführt hat.*
Bei den Hinrichtungen von Hexen wurden deren Geständnisse öffentlich verlesen, um in der Bevölkerung den Glauben an Hexerei zu festigen – so geschehen auch bei einer der ersten Hexenverbrennungen in Bayern im Jahr 1578, als in Weilheim die Bozenerin Margarete Schilher draußen vor der Stadt gerichtet wurde.

Rathausbauten

Erstes Rathaus – in der Obertorgasse

In Weilheim entstanden spätestens seit 1435 bis 1935 vier verschiedene Rathäuser. Nach den Stadtbränden von 1414 oder von 1434 tagte der Rat im *gefreiten* Haus des Stadtrichters in der Obertorgasse, der heutigen Admiral-Hipper-Straße (im späteren Geburtshaus des Admirals und Ehrenbürgers Franz Ritter von Hipper). Die Straße hieß auch *Herrngasse,* weil neben dem Haus der *Ratsherrn* auch noch das Haus der *Pfarrherren* stand.
Vom ehemaligen ersten Rathaus hat sich nur der Keller mit gemauerten Tonnengewölben erhalten. Im Erdgeschoß befanden sich spätgotische Spitzgewölbe, während der Sitzungssaal im Obergeschoß mit einer Halbtonne überwölbt war. Diese trug eine auf einer *Mittelsäule* ruhende *Dielendecke,* die mit 17 Wappen von Städten und Adelsgeschlechtern bemalt war. Der Ratssaal wurde zudem durch einen Erker an der Fassade als Zeichen der bis 1800 bestehenden *Freiung* hervorgehoben. In dem Gebäude hatte seit 1506/07 der Landrichter seine Wohnung; nach 1560 gehörte das Haus acht Jahre lang einem *Junkher Caspar Neuchinger* (daher *Neuchingerhaus*).

Hipper-Haus mit dem Erker, Stelle des spätmittelalterlichen Rathauses

Im Jahr 1521 stieg Weilheim vorübergehend zur *Residenzstadt* auf, als Herzog Wilhelm IV. und sein Bruder Ludwig X. das Pflegschloß und das Neuchingerhaus mit ihrem Gefolge wegen der Pest in München für einige Wochen als Wohnung nahmen.

Wesentliche Veränderungen erfuhr das Gebäude durch den 1867 erfolgten Umbau, den der Vater des Admirals, Anton Hipper, noch in seinem Todesjahr veranlaßte. Diesen Umbauarbeiten fielen die bemalte Decke im Ratssaal und der mittelalterliche Treppenaufgang, die *Himmelsleiter,* zum Opfer. Beim Ladeneinbau 1950 wurden die Gewölbe im Erdgeschoß durch Flachdecken ersetzt.

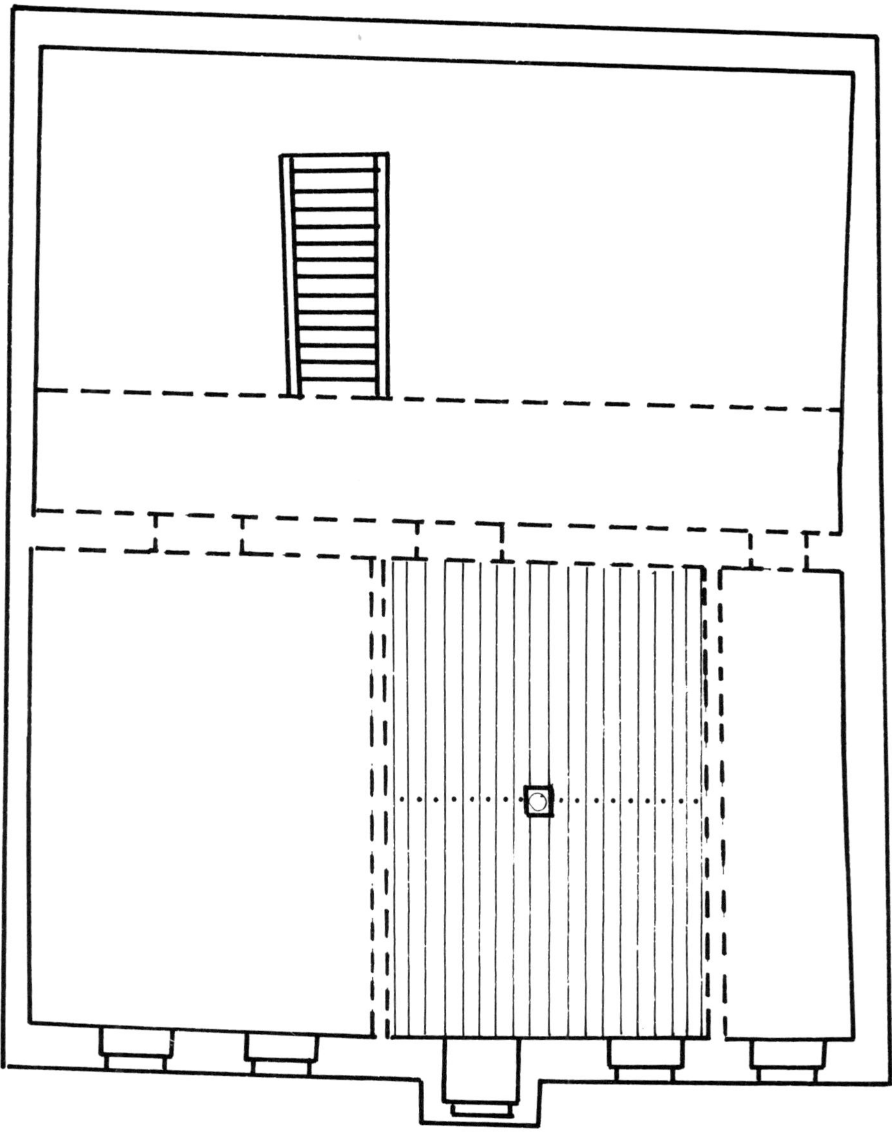

Spätmittelalterliches Rathaus, Rekonstruktionsversuch der Raumaufteilung im 1. Obergeschoß (Ratssaal mit Dielendecke, Säule, Wappen)

Zweites Rathaus – am Hauptplatz

Ein neuer Rathausbau konnte entstehen, nachdem im Jahr 1521 der Kirchfriedhof aufgelassen war. Da schien 1538 ein günstiger Zeitpunkt anläßlich der 300-Jahrfeier der Stadtgründung gekommen zu sein. Nach bisherigen Forschungen kann als gesichert gelten, daß der Neubau des freistehenden Rathauses in diesem Jahr vollendet war. Der einstöckige Bau stand nördlich der Stadtpfarrkirche an derselben Stelle wie heute, doch waren ihm an der Westseite die Katharinenkapelle, an der Ostseite ein kleiner Queranbau, vermutlich für den Fest- und Tanzsaal, angegliedert. Diese Situation bestand – in leicht veränderter Form – bis zum Teilabbruch des Rathauses 1788. Bereits vorher trug das Dach ein Glockentürmchen mit der *Steuerglocke* (erneuert 1652).

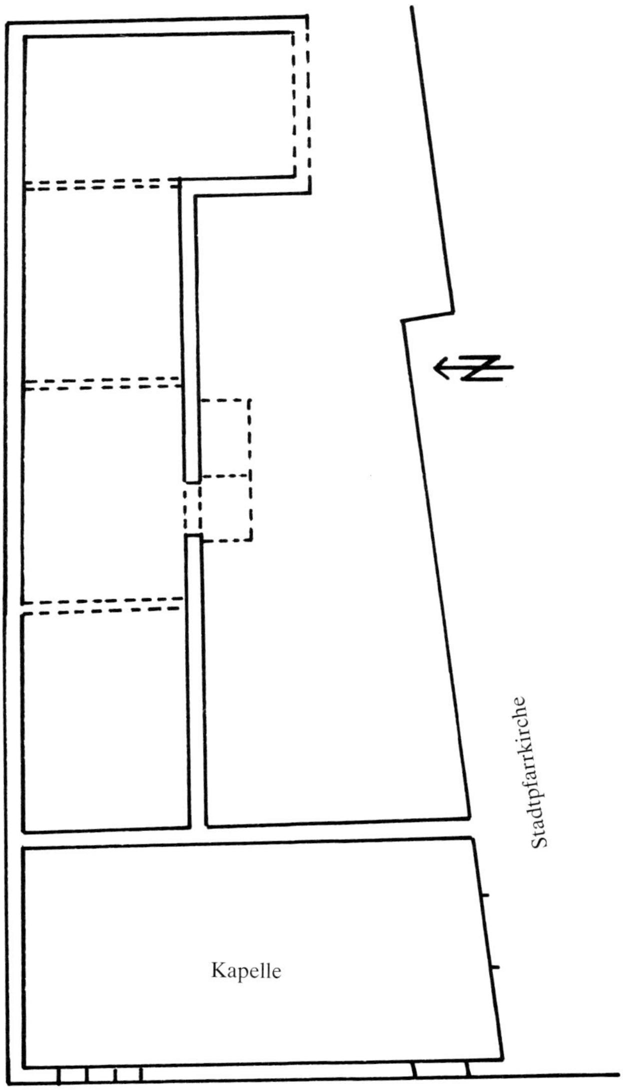

Zweites Rathaus am Marienplatz, südlich angebaute Katharinenkapelle (Rekonstruktionsversuch)

Drittes Rathaus – am Hauptplatz

Zur Zeit des frühklassizistischen *Zopfstils* mußte das Gebäude wegen *großer Baufälligkeit völlig repariert* werden. Die Sanierung kam einem Neubau gleich, denn anscheinend blieb nur das Erdgeschoß original erhalten. Für die Fassadengestaltung Franz Joseph Baders sind kennzeichnend die Ädikula-Fenster, die Eckpilaster, das Mansarddach und die eichene Doppeltüre zu den ehemaligen Amtsräumen, die die charakteristischen *Zöpfe* als Stilmerkmal der Zeit trägt. Original erhalten blieb auch die Türe zum ehemaligen Ratssaal im 1. Obergeschoß (heute getrennte Räume für Handwerk und Vor- und Frühgeschichte). Die Fassaden wurden 1876 verändert (Rustica-Quaderung am Erdgeschoß), und nach der Trockenlegung des Baues 1965 erneuert, rekonstruierend nochmals 1986/87. Die *steinerne Stiege* an der Südseite entstand erst 1790 als letzter Arbeitsgang der *Reparation.*
Durch die Aufstockung des Gebäudes wurde die städtebaulich wichtige Funktion zur optischen Bildung eines Platzgefüges betont, da jetzt auch dieses Haus den Gebäudehöhen am Marienplatz ungefähr gleichkam. Die Proportionen allerdings sind gegenüber dem Vorgängerbau wesentlich verändert (ca. 7,7 × 32 m), die örtlichen Gegebenheiten haben sicher entscheidend zu dem im Verhältnis zur Breite extremen Längenmaß beigetragen. Die Wirkung dieses eigenwilligen Baues wird allerdings durch die Enge der Gassen gemildert, die zwölf Fensterachsen erscheinen perspektivisch stark verkürzt. Nach Erhaltung und Sanierung des Alten Rathauses können die Räume seit 1966 für die Exponate des Stadtmuseums würdig genutzt werden.

Marienplatz (Gemälde von Lucas Troger im Stadtmuseum, um 1800)

Viertes Rathaus
Über dem Balkon Gemälde von Walter Bertram „Die Stadt Weilheim empfängt von Kaiser Ludwig dem Bayern das neue Stadtwappen“

Viertes Rathaus – am Rathausplatz

Im 20. Jahrhundert war das Rathausgebäude längst zu klein geworden, so daß man einen weiteren Neubau plante. Gelegenheit zu städtebaulicher Neuerung bot zunächst der Abbruch des alten Schlachthauses und des Oberen Tores 1871/72: Jetzt konnte man östlich des ehemaligen Torturmes die Bildung eines weiteren Stadtzentrums anstreben. Platz für einen Neubau wurde auch durch das teilweise Zuschütten des Stadtgrabens erreicht. 1935 schließlich errichtete die Stadt nach Plänen des Münchner Architekten Johann August Simbeck an dieser Stelle das neue Rathaus. Der Sitzungssaal ist mit Stuckreliefs des Weilheimer Bildhauers Jakob Rupp geziert. Die Münchner Maler Alfons Epple und Walter Bertram schufen die Gemälde zur Weilheimer Geschichte im 1. Obergeschoß und an der nördlichen Außenwand. Der monumentale Eckbau an der Alpen- und Admiral-Hipper-Straße wurde Bindeglied zwischen Altstadtkern und Oberer Stadt. Die Übergabe des Neubaues fand am Sonntag, dem 15. November 1936, statt. Für das Jahr 1988 ist eine Erweiterung des Rathauskomplexes durch Miteinbeziehung des westlich angrenzenden Gebäudes (ehemalige Gaststätte *Luckerbräu)* vorgesehen.

Marienplatz

Das Herzstück und die *gute Stube* Weilheims bildet der Marienplatz, besonders seit er 1976 Fußgängerbereich geworden ist. Den Mittelpunkt markiert die 13 Meter hohe Mariensäule, deren Figur – 1698 von dem einheimischen Bildhauer Ignaz Degler geschaffen – im Jahr 1984 restauriert und die Säule selbst aus griechischem Marmor mit Spenden der Bevölkerung neu errichtet werden konnte. Den Anlaß zur Aufrichtung der Säule und einer Plastik der Schutzpatronin der Stadt gaben die *durch unterschiedliche Feuersbrunst, theure Zeiten und gefährliche Ansteckungen* gekennzeichneten vorausgegangenen Jahre. Und Degler hinterließ eine sehr persönliche Notiz: *Anno 1698 im September ist allhier die Säul sambt dem Frauenbild auf dem Platz aufgerichtet worden. Von (diesem) habe ich Macherlohn gehabt 35 fl(-orinen) – ist wenig genug gewesen* – (1 Gulden entsprach dem Tageslohn eines Handwerksmeisters). – Im Jahr 1775 fand hier eine Andacht mit Beteiligung des Kurfürsten Max III. Joseph statt. Das Denkmal konnte dank des beherzten Engagements einiger Weilheimer beim geplanten Abbruch 1810 und durch insgesamt fünf Renovierungen erhalten werden.

Statue der Mariensäule
von Ignaz Degler, 1698

Der Charakter des *Hauptplatzes* entstand 1538 mit der Errichtung des Rathauses. Darin spielte sich auch das gesellschaftliche Leben ab, hier wurden neben den Gerichtssitzungen vor dem Rathaus auch die Wochenmärkte und die offiziellen Jahrmärkte abgehalten. Heute erfreuen sich die zusätzlichen Weihnachts- und Kunstmärkte am Marienplatz großer Beliebtheit.
Seit 1855 gibt es die eigens veranstalteten, berühmten Zuchtviehmärkte, die heute in der Hochlandhalle stattfinden. Der wöchentliche Viktualien-Markttag wurde erst in diesem Jahrhundert vom Donnerstag auf den Freitag verlegt. Im Erdgeschoß des Rathauses befanden sich bis zur Jahrhundertwende das *Brothaus* (jetzt Ausstellungsraum) und die sich östlich anschließende *Schranne* für den städtisch kontrollierten Brot- und Getreideverkauf.
Bis 1861 stand am Marienplatz ein Ziehbrunnen mit einer bekrönenden Neptunsfigur und ein schon 1770 zugeschütteter Pumpbrunnen. Erst seit 1830 steht hinter der Mariensäule der verkleinerte, ehemalige Klosterbrunnen aus Steingaden mit seinen Vier-Jahreszeiten-Putten (Kopien von 1929). Er bildet heute, zusammen mit der Mariensäule und dem Rathaus, die Ost-West-Achse des Platzes. Wie uns der Eisenwaren-Händler und Bürgermeister Josef Vötterl (1750–1817) in seinem sozialgeschichtlich interessanten Tagebuch berichtet, sah der Platz zahlreiche fremde Truppen, die oft hohen Tribut in Form von Geld oder Nahrungsmitteln forderten. Zur Zeit Vötterls waren es Deutsche und Franzosen.
Den ersten Kontakt mit den französischen Soldaten schildert Vötterl folgendermaßen:
Den 1. Juli, gleich nach 2 uhr abend ritt ein Franzos bey dem Faerber vorbey, schaute 3 mahl um und ritt wiedrum ein wenig zurück, endlich wagte er sich herein zu reiten, hat auf dem Bugel ein kupfernes Bächerl und 1 halb laib brod an ein Strick angebunden, und blieb auf dem Platz, daraufkommen 6 Tragoner mit bloßem Sabel alle von Dissen her in unsre Stadt herein reitend auf dem blatz gleich nach diesen wiedrum kommen 30 Tragoner wiedrum herein auf den Platz zu sammen, begehrten Wein, Tabak und 25 Carlin. Sie waren aber mit 15 Carlin zu Frieden und ziehen nach 5 uhr wiedrum nach Dissen ab.
Den 13. Juli hat man dem Herrn Kamandisten um 3 uhr ein Musick Collegium gehalten bey dem bachbrey, 2 H. officier geigeten selbsten mit und H. Camendant Trank jedem Herrn Bürger seine gesundheit und hat abgebetten, das, wenn er einen Bürger durch seinen blosen Sabel, wo er herein geritten, schrecken eingejagt hat, ihm vergeben wolle. Zur Nachts um 8 uhr hat man ihm auch Tyrkische musick gemacht.
Die Weilheimer gaben also – wohl aus Dank für die relativ geringen Tributforderungen – ein Ständchen beim ehemaligen *Bachbräu* (Ecke Pöltner- und Lederergasse). Am Tag danach zog der Kommandant mit seinen Leuten ab, dafür stand eine Rechnung in Höhe von fast 1.700 Gulden (derzeit fast 70.000 DM) für zweiwöchige Quartierkosten zu Buche. Das war aber erst der bescheidene Anfang der städtischen Kriegslast.
Dagegen haben seit 1556 bezeugte Passionsspiele und *Urständ Christi,* bei deren dreitägiger Aufführung sogar einmal Herzog Wilhelm V. mit Gefolge anwesend

war, und Kurfürst Maximilian I. *die Kleider gnädigst hergeliehen,* eher zur Erbauung der Bevölkerung beigetragen. Die Aufführungen der Jahre 1600 und 1615 standen unter der Leitung des Stadtpfarrers Johann Älbl, der auch als Verfasser heute noch vorhandener Texte gilt. Ein wichtiges kirchliches Ereignis war der Einzug des spätgotischen Palmesel-Christus in die Stadtpfarrkirche an jedem Palmsonntag. Er wurde in feierlicher Prozession vom *Eselsberg* bei Töllern hereingezogen. Inzwischen gibt es nur noch Fronleichnams-Prozessionen; bei der Prozession der Stadtpfarrei Mariae Himmelfahrt wird die berühmte Kipfinger-Monstranz mitgeführt. Diese Fronleichnamsfeier findet an der Mariensäule ihren Höhepunkt und Abschluß.
Heute hat das Leben am Marienplatz primär weltlichen Charakter: Jung und Alt kommen hier täglich zusammen, geschäftig oder zu einem gemütlichen *Ratsch.* Besondere Beliebtheit genießen das alljährliche Bürgerfest im Juli und das Faschingstreiben.

Wurzel-Jesse-Monstranz
als Meisterstück des
Weilheimer Goldschmieds
Joseph Anton Kipfinger, 1698

Jahrmärkte

Entwicklung seit dem 12. Jahrhundert

Es wird allgemein angenommen, daß Weilheim mit der Etablierung des Stadtrichters 1176 als politische Gemeinde die vom Herzog verliehenen Marktrechte und die Niedere Gerichtsbarkeit besaß. Allerdings scheinen damals noch keine offiziellen Jahrmärkte, sondern nur die Getreidemärkte stattgefunden zu haben (Weilheims Getreidemaß galt seitdem auch für das Umland). Im Hochmittelalter gab es in Altbayern vornehmlich die Patroziniums- und Kirchweihmärkte (*Georgi, Pfingsten, Jakobi, Bartholomä, Aegidi, Galli, Andrä, Nikolaus* und in Weilheim natürlich *Mariae Himmelfahrt*). Ihren ursprünglich kirchlichen Zusammenhang stellte noch bis ins 19. Jahrhundert das Einläuten des Marktes mit Kirchenglocken her, wie das ehemalige Weilheimer *Freihamläuten.*
Bei kleinen Ortschaften in verkehrsgünstiger Lage gab es die *Feldmärkte.* Während sich solche Märkte bei Klöstern und Wallfahrtskirchen bald zu Warenmärkten entwickelten, blieben die Feldmärkte lange Zeit einfache Viehmärkte, denen sich erst später auch Krämermärkte zugesellten. Die Erlaubnis zur Abhaltung solcher offiziellen Märkte hing immer vom Landesfürsten ab, er war dort jeweils mit den herrschaftlichen Symbolen von Kreuz, Schwert, Fahne, Hut und Handschuh vertreten. Der Herzog war an der Einnahme der Marktzölle im ganzen Land interessiert, so kamen schließlich auch die in anderen Orten beheimateten Märkte nach Weilheim, wo sie einerseits wegen der Bevölkerungsdichte dringender benötigt wurden, andererseits Mehreinnahmen durch die Größe der Märkte versprachen.

Die Krämermärkte

Die früheste Erwähnung eines Weilheimer Jahrmarkts bezieht sich auf einen *Jörgenmarkt* (= Georgi), der wahrscheinlich im 14. Jahrhundert eingerichtet und noch 1434 genannt wird. 1699 erwähnt Johann Sebastian Lienhart in einem Gedicht den *Palmmarkt* als ehemaligen Viehmarkt, der seit Mitte des 18. Jahrhunderts zum Getreidemarkt umgewandelt wurde. Als Krämermarkt gilt er seit 1802.
Wahrscheinlich wurde der ehemalige *Gallimarkt* von Haunshofen in der ersten Hälfte des 14. Jahrhunderts nach Weilheim verlegt, als die Herren von Haunshofen als dessen Schutzherren ausgestorben waren. Kaiser und Herzog Ludwig der Bayer schenkte nach dem Tod dieser Freiherren den Ort dem Kloster Bernried und wohl gleichzeitig erfolgte die Verlegung des Marktes nach Weilheim. Jedenfalls wird er 1426 bereits als *herkömmlich* bezeichnet. Damit war der Gallimarkt der älteste, fortwährende Krämermarkt der Stadt, in späteren Jahren wurde er sogar auf die Dauer von drei Tagen ausgedehnt.

Johannimarkt in der Oberen Stadt und am Rathausplatz, 1987

Einen weiteren Markt erhielt Weilheim im Jahr 1413. Es war der ursprünglich in Polling stattfindende *Heilig-Kreuz-Markt,* der aber 21 Jahre später auf Befehl Herzog Ernsts wieder nach Polling zurückverlegt werden mußte. Dafür verlieh Herzog Albrecht den Weilheimern 1453 den *Neumarkt* am 26. Juni eines jeden Jahres, doch kollidierte er mit dem am selben Tag stattfindenden *St.-Vigilien-Markt* in Ried bei Rott. Nach dessen Aufhebung mußte Weilheim dafür seit 1521 die Straße nach Rott baulich unterhalten. Den Neumarkt nannte man schließlich den *Johanni-Markt.*
Seit Beginn des 19. Jahrhunderts gab es vier Krämermärkte: Der erste im Jahr war der *Palmmarkt,* der am Donnerstag vor Palmsonntag abgehalten wurde. Die nächsten folgten Ende Juni und Ende August mit dem Johannimarkt und dem *Laurenzimarkt* (seit 1793), Mitte Oktober mit dem *Gallimarkt* und Ende November mit dem *Andreämarkt* (von Etting, seit 1803). Alle Märkte hatten zudem bis ins 19. Jahrhundert *Nachmärkte,* an denen auch die Krämer noch verkaufen durften. Seit 1872 war es gestattet, die Märkte auf den Sonntag zu verlegen, der dem Patroziniumstag am nächsten lag. An die Stelle der Nachmärkte traten in diesem Jahrhundert vermehrt die Viehmärkte, die Weilheim noch heute zu einem wichtigen Zentrum dieser Art von Handel im südbayerischen Raum machen.
Neuerdings sind die Märkte – ohne den 1987 aufgegebenen Laurenzimarkt – auf den Rathausplatz und in die Obere Vorstadt verlegt, nur der wöchentliche Viktualienmarkt am Freitag und der dreitägige Weihnachtsmarkt am 2. Dezember-Wochenende finden auf dem Marienplatz statt. Noch für die Zeit nach der Jahrhundertwende wird beschrieben, daß der Geschirrverkauf bei den Krämermärkten vor dem ehemaligen *Luckerbräu* stattfand, ein Kasperltheater in der Nähe oder beim Stadtbrunnen stand, ein Karussell auf dem Postplatz und Moritatensänger in der Herrngasse (Admiral-Hipper-Straße) auftraten. Zur Zeit der Sommermärkte füllten sich auch die ehemaligen Biergärten: Der Post- und Luckerbräugarten, der Spernbräugarten, der Demmel- und Guttmanngarten.

Kapellen und Kirchen

In Weilheim gibt es insgesamt zehn Kirchen, – das Gebäude der *Neuapostolischen Gemeinde* eingeschlossen. Zudem stehen im Stadtgebiet vier große Kapellen und ein *Königreichssaal* der Zeugen Jehovas.

Kapellen

Angerkapelle (beim Landratsamt) aus der 1. Hälfte des 17. Jahrhunderts bzw. 1661, mit einer Pieta von Matthias Stainhardt (wohl vor 1667) und einem Judith-Fresko von Johann Baptist Baader (1761);
die zu Ehren des *Herrgotts in der Rast* erbaute *Rastkapelle* (Ecke Johann-Baur- und Rastkapellenstraße), mit Ursprung ebenfalls in der 1. Hälfte des 17. Jahrhunderts (Neubau 1724 durch Stadtpfarrer Johann Georg Eisvogl, Steinbau 1791);
Heilig-Kreuz-Kircherl (Fischergasse), das bereits Ende des 15. Jahrhunderts durch Herzog Christoph gestiftet worden war und 1638 (400jähriges Stadtjubiläum!) neu erbaut wurde.
Neben der Stadtpfarrkirche St. Pölten steht die der Feuerpatronin *Agatha* geweihte Kapelle. Wahrscheinlich 1511 errichtet, wurde sie mehrmals verändert, 1674 erhielt sie die Altäre. Ein ehemals in der Hauptaltar-Predella aufgestelltes Relief mit der Beweinung Christi (Umkreis Hans Leinberger, um 1530) befindet sich im Stadtmuseum Weilheim.

Agathakapelle bei St. Pölten, um 1511

Stadtpfarrkirche St. Pölten mit Erweiterungsbau von 1967/68

Kirchen – Stadtpfarrkirche St. Pölten

Der Ortsteil *St. Pölten* erhielt wohl das Patrozinium für die vom Kloster Polling aus verwaltete Kirche im Zusammenhang mit der Überführung der Reliquien des Hl. Hippolyt von Rom über St. Denis, Tegernsee nach St. Pölten in Niederösterreich. Das Kloster Polling hatte bis Ende des 11. Jahrhunderts das der Kirche benachbarte Gut in seinem Besitz. Die Kirche selbst wird ebenfalls in dieser Zeit erstmals erwähnt (gesichert 1261), tatsächlich haben sich auch einige Bauteile an Chor, Turm und Langhaus aus der Spätromanik erhalten. Im wesentlichen jedoch stammt der Bau aus gotischer Zeit, das Langhaus war bis 1782 mit einer getäfelten, und ca. 100 Wappen und anderen Malereien gezierten Holzdecke versehen (Elias Greither 1596?). Das heutige Aussehen verdankt der Altbau der spätbarokken Umgestaltung durch die Wessobrunner Franz Joseph Bader, Thassilo Zöpf und Edmund Doll, sowie dem Weilheimer Maler Johann Sebastian Troger, der die Deckengemälde mit der Heiligen-Legende und das Hochaltarblatt fertigte. Eine Turmerhöhung und das Aufsetzen des Spitzhelms erfolgten 1844 in neugotischem Stil. Der moderne Anbau auf der Westseite wurde als Rundkirche 1968 geweiht (Architekt Hans Strobel). Sehenswert sind die Madonna mit Kind von Christoph Angermair (Meisterstück 1622), ein Votivbild Greithers von 1614 und ein Hl. Franziskus von Franz Xaver Schmädl (um 1760).

Stadtpfarrkirche Mariae Himmelfahrt

Als Hauptkirche in Weilheim gilt die *Stadtpfarrkirche Mariae Himmelfahrt,* nicht nur wegen der Lage in der Stadtmitte, sondern vor allem wegen der kunsthistorischen Bedeutung des Langhauses und des Chores. Ein erster einfacher Saalbau ist durch die Grabungen anläßlich der Renovierung von 1976/77 gesichert (um 1200), später (zur Zeit der Stadterhebung?) erfolgte noch der Anbau eines Chorquadrats mit Apsis in romanischem Stil. Um 1300 ist der Bau einer größeren, gotischen Kirche anzunehmen, deren Turm noch bis unter das Oktogon erhalten blieb. Wahrscheinlich waren in gotischer Zeit Langhaus und Chor durch Strebepfeiler gestützt, und dieser überragte – wie die Ansicht Jost Amanns von 1567 zeigt – das Langhaus als *Hochchor.* Aus *höchster Not, indem unser uralte Pfarrkirch allhie also paufellig und zerkloben... und weilen selbige klein... wegen Menge der Pfarrkinder erweitert werden muß,* begann man, mit Unterstützung

„Rastaltar" von Franz Xaver Schmädl, vor 1760

„Palmetten-Pilaster“ im Chor der Stadtpfarrkirche Mariae Himmelfahrt (Hans Krumpper, 1624–28)

des früheren Herzogs Wilhelm V. und des Bischofs von Augsburg, unter Stadtpfarrer Johann Weiß 1624 mit dem Neubau einer größeren Kirche (Maße des Langhauses 28,6 × 14,3 × 14,3 m). Den Plan fertigte Hans Krumpper, Weilheimer Bronzebildhauer und Architekt am Münchner Hof. Die Bauaufsicht am Ort hatte der Ratsherr und Bildhauer Bartholomäus Steinle als *Baudirektor*. Die Wessobrunner Georg Praun und Jörg Schmuzer führten den Bau und die Modelstukkaturen aus, Fresken- und Ölgemälde schufen Elias und Johann Greither bis 1628. Die Weihe der Kirche fand wegen der Pest erst am 30. November 1631 statt. Eine

farbige Gestaltung der Raumschale scheint nicht mehr zustande gekommen zu sein. Der Bau weist einige Merkmale auf, die ihn als Landkirche aus kunsthistorischer Sicht an bedeutende Stelle rücken: Es handelt sich um einen weiträumig gewölbten Wandpfeilerbau, der nach dem Vorbild der Münchner Michaels- und der Dillinger Jesuitenkirche in vereinfachten Formen errichtet ist. Besonders sind die neu erfundenen Fenster mit Blendrahmen und Okulus über der Mittelstrebe, die großartigen Palmetten über Eckpilastern im Chor und die frühbarocken Langhausfresken als gliedernde Tondi mit Darstellungen der Erzengel hervorzuheben. Von der reichhaltigen Ausstattung sind das Hochaltarblatt des gebürtigen Weilheimer Malers Ulrich Loth 1641 (Assumptio Mariae als Kopie nach Peter Paul Rubens), der *Rast-Altar* Franz Xaver Schmädls (vor 1760) mit dem Schnitzbild des *Herrgotts in der Rast* aus dem frühen 16. Jahrhundert (von Thomas Krumpper?), das Seitenaltarblatt der Kreuzabnahme von Martin Knoller (1790, aus dem Kloster Ettal), und ein gotisches Baumkreuz aus der 1. Hälfte des 14. Jahrhunderts (vielleicht zu einem Kreuzaltar des zweiten Kirchenbaues gehörig) besonders erwähnenswert. In der Sakristei wird die berühmte, als Meisterstück 1698 gefertigte Wurzel-Jesse-Monstranz Joseph Anton Kipfingers bewahrt, im nördlichen Eingangsraum, von Schmädl ein Hl. Nepomuk, der ursprünglich auf der überdachten, hölzernen Ammerbrücke stand.
Die Kirche besang schon 1699 der Weilheimer Stadtschreiber Johann Sebastian Lienhart in seiner gereimten Chronik:

Das prae vor allen anderen hat
Die Pfarrkirch mitten in der Stadt;
Ist hoch, sehr breit, auch lang und schön,
Neun Altär darinnen steh'n...

Heute sind es zwar nur noch sieben Altäre, und das Chorgestühl im Presbyterium wurde entfernt, doch bleibt der Bau – auch wegen der frühen Wessobrunner Stuckarbeiten (nach Hohenpeißenberg und Polling) und wegen der frühbarocken Tondo-Fresken mit den Darstellungen der Erzengel – durchaus sehenswert.
Zur Besichtigung lädt das erst 1794 von Leonhard Schmidtner errichtete Nordportal am Marienplatz ein. Der städtische Kirchturm mit fast 46 m Höhe erhielt 1975 eine neue *welsche Haube,* deren Vorgängerin anstelle des ehemaligen, durch Blitz zerstörten Spitzhelms in der Spätrenaissance 1573 aufgesetzt worden war; damals entstand auch das Oktogon mit den nachgotischen Kielbogen-Blenden.

Friedhofskirche St. Salvator

Auch die *Friedhofskirche* St. Salvator und Sebastian gehört zu den besonderen kunsthistorischen Sehenswürdigkeiten. Die große europäische Pest hatte bereits 1349 zur Nutzung eines *Jauchart-Ackers beim Betparren* als Friedhof geführt. Damals konnte der Kirchfriedhof die große Zahl von Toten nicht mehr aufnehmen, so daß man den vom Weilheimer Pfarrer Heinrich Schöffl überlassenen Acker –

Friedhofskirche St. Salvator, 1449

mit bestehendem Kreuz und Betbank – zum Pestfriedhof umwandelte. Seit 1521 diente er als offizieller Friedhof der Stadt und wurde bis heute mehrfach erweitert. Der Kirchenbau entstand – als Stiftung einer Witwe Seitz – 1449 zunächst ohne Chor, vielleicht nach Plänen des Jörg von Polling bzw. Halspach, genannt *Ganghofer,* des Baumeisters der Münchner Frauenkirche. Bemerkenswert ist jedenfalls der oktogonale Zentralbau über einer Mittelstütze, von der aus sich das spätgotische Netzgewölbe entwickelt bzw. die *Dienste* der Netzrippen in sich vereinigt. Mit dieser kleinen Landkirche setzt sich der großartige Zentralbaugedanke der gotischen Klosterkirche Ettal fort, der auf die Vorbilder in Ravenna (San Vitale) und in Aachen (Pfalzkapelle Karls d. Gr.) zurückgeht. Die Idee griff später Hans Krumpper wieder auf (Innenraum der Münchner Paulanerkirche und Friedhofskapelle in Polling). Im Jahr 1481 wurde der ebenfalls mit einem Netzgewölbe versehene Chor angebaut, 1526 folgten Vorhalle und Turm, der 1584 vielleicht durch

den Weilheimer Maurermeister Hans Guggemos in Renaissanceformen vollendet und schließlich 1794 mit einer *welschen Haube* versehen wurde. Diese ersetzte man regotisierend 1852 durch einen Spitzhelm.
Die besondere Raumzier stellen die Fresken Elias Greithers d. Ä. dar, der sie 1591 als Frühwerk und vermutlich als Meisterstück schuf. Die Malereien, die durch einen Putzauftrag von 1867 stark gelitten haben, zeigen Szenen aus der Passion Christi, sowie im Chor die 12 Apostel und das bayerische und lothringische Wappen des Münchner Herzogpaares Wilhelm V. und Renata; vielleicht haben beide – neben anderen Gläubigen – für die Gemälde gestiftet, zudem hatte Greither als Schüler von Christoph Schwartz engsten Kontakt zum Münchner Hof. Von hoher künstlerischer Qualität ist der Flügelaltar, angeblich von einem anonymen Augsburger Maler, dem *Meister der Landsberger Geburt Christi.* Der um 1470 entstandene Altar zeigt als Hauptszene einen Gnadenstuhl, gerahmt von Maria und Johannes d. T., auf dem linken Flügel den seit 1481 wegen Pestgefahr zusätzlich aufgenommenen Kirchenpatron Sebastian (Restaurierung 1986/87).

Heilig-Geist-Kirche

Zwei Kirchen der Innenstadt vertreten die Baustile des Klassizismus und der Neugotik, beide Kirchen stehen an der Münchner Straße: Die Heilig-Geist-Kirche und die Evangelische Pfarrkirche. Im Juli 1827 wurde die Heilig-Geist-Kirche erstmals geweiht (Renovierung 1982/83). Sie bildet den südwestlichen Eckbau des ursprünglichen Klosterareals der Franziskaner, die vor dem ehemaligen Schmiedtor seit 1640 ansässig waren. An der Stelle der heutigen Kirche stand bis 1825 eine nachgotische Spitalkirche mit Dachreitertürmchen, die – wie die Klostergebäude – einem Brand am 30. August dieses Jahres zum Opfer fiel (bei der Grundsteinlegung der alten Kirche im Jahr 1639 war Kurfürst Maximilian I. mit seiner Gemahlin Maria Anna anwesend). 1826 wurde das alte Heilig-Geist-Spital südlich der Stadtpfarrkirche Mariae Himmelfahrt abgebrochen und anstelle der Klostergebäude neu errichtet. Baumeister war der Weilheimer Leonhard Schmidtner, die Vorbilder seiner Kirche mit doppelten Ecktürmen und einem Portikus mit dorischen Säulen muß er in Italien gesucht haben. Die kleine *Tempel-Fassade* ist überschrieben: TRINO DEO GRATA CIVITAS – *Dem dreieinigen Gott die dankbare Bürgerschaft.* Der überwölbte Innenraum ist durch Stichkappen, Stuckfelder und Rosetten gegliedert, drei Stuckmarmor-Altäre (1909), die zwölf Apostel als Großfiguren (von Peter Schöpf und Gabriel Wagner), Deckengemälde (1909), sowie zwei Barockgemälde von Johann Joseph Zwinkh aus Oberammergau und das Hauptaltarblatt des Murnauer Malers Johann Michael Wittmer zieren zusätzlich den Saal.

St. Johann in Töllern

An der Münchner Straße liegt – schon außerhalb und nördlich des Stadtkerns – auf einer Anhöhe die spätgotische Kirche *St. Johann in Töllern.* Die Bezeichnung geht zurück auf die Edlen von Tolir(er), die hier ihren Ansitz hatten. Im Jahr 1409 ist hier erstmals eine Kirche erwähnt, 1466 das nebenstehende Leprosenhaus für die Aussätzigen. Der heutige Kirchenbau stammt erst von 1490 (Choranbau), den Turm veränderte vielleicht wieder der Weilheimer Baumeister Hans Guggemos 1583 mit einem bekrönenden Oktogon und einer *welschen Haube.* Fresken, ein Altar von 1680 und das bemalte Netzgewölbe schmücken den Raum. Seit 1519 hielt die zugehörige Heilig-Geist-Bruderschaft vierteljährlich ein Seelenamt (bis 1662), wöchentliche Messen fanden sogar bis zur Auflösung der Leprosenstiftung 1785 statt. Den Messen wohnten nicht nur die zehn *Sonder-Siechen* bei, sondern bis zu 20 weitere Personen. Der Bau wird seit 1979 durch die Initiative einiger Weilheimer Bürger und der Stadtpfarrei Mariae Himmelfahrt grundlegend saniert und renoviert.

Töllern, ehemaliges Leprosenhaus mit Johanneskirche, um 1490

Evangelische Apostelkirche, neugotischer Bau 1898/99

Evangelische Apostelkirche

Am 12. November 1899 weihte man den im Jahr zuvor begonnenen Backsteinbau der Evangelischen Pfarrkirche ein . Er war nach Plänen des Münchner Architekten Lemmes entstanden, die er ursprünglich für eine Kirche in Straubing entworfen hatte und für Weilheim in veränderter Form wiederverwendete. Vom ursprünglichen Bestand in neugotischem Stil blieben nach dem Erweiterungsbau von 1967 allerdings nur die Nordfassade, die nördliche Apsis und der Choranbau erhalten. Die moderne Einturmfassade mit dem *steilsten Spitzhelm Bayerns* und dem Apostelrelief über dem Portal gestalteten die Weilheimer Dr. Ottmar Schuberth als Architekt und Rudolf Pfefferer als Bildhauer. Der protestantische Bevölkerungsanteil hat sich seit dem 19. Jahrhundert stark ausgeweitet: Noch 1850 gab es in Weilheim nur 34 Gemeindeglieder, die sich im ehemaligen Gasthof *Lukkerbräu* oder im Ratssaal versammelten, um 1900 waren es ca. 150, und heute gibt es in der Stadt rund 3700 evangelische Glaubensangehörige.

Stadtmuseum

Seit 1966 befindet sich das Stadtmuseum – auch *Museum des Pfaffenwinkels* genannt – im Alten Rathaus am Marienplatz. Die Bestände wurden anläßlich des hundertjährigen Gründungsjubiläums im Jahr 1982 neu aufgestellt. Der Drechsler und Schirmmachermeister Benedikt Höck und Stadtpfarrer Carl August Böhaimb hatten nach eifriger Sammeltätigkeit einen Museumsraum (heute Saal der Stadtgeschichte, 2. Obergeschoß) als *Wunderkammer* eingerichtet, die Eröffnung fand am 15. Oktober 1882 statt. Nach zwischenzeitlicher Unterbringung in drei Räumen des heutigen Vermessungsamtes konnte das mühsam vor Abbruch bewahrte und sanierte Rathausgebäude als Museum mit zehn Abteilungen und dem Ausstellungsraum im Erdgeschoß genutzt werden.
Das Sammlungsgut umfaßt im wesentlichen Skulpturen des 15.–19. Jahrhunderts, Malerei, Möbel und Handwerk des 16.–19. Jahrhunderts, Abteilungen der Vor- und Frühgeschichte (Jungsteinzeit bis Merowingerzeit) und des religiösen Brauchtums (15.–20. Jahrh.), eine Jahreskrippe von 1721 und zwei bäuerliche Schlafzimmer (18./19. Jahrh.). An Einzelexponaten sind hervorzuheben der Pollinger *Schmerzensmann* von Hans Leinberger (1527), der *Palmesel* (um 1470/80), der *Intarsienschrank* von Clement Betle (1587) und der von Johann Baptist Baader bemalte *Apothekerschrank* aus Polling (um 1766), sowie zwei *Altar-Antependien* aus Stuckmarmor von Dominikus Zimmermann (um 1730). Von besonderem Interesse sind natürlich die Werke der *Weilheimer Bildhauerschule* nach 1600:

Hier sind vertreten Jörg Petel mit den Bronzefiguren *Christus und die beiden Schächer* (um 1625), Hans Krumpper mit seinem bisher einzigen bekannten Holzschnitzwerk *Musizierende Engel* (um 1620), Hans Degler mit zwei Muttergottesfiguren und einem *Christkind* (um 1620), Bartholomäus Steinle mit einer *Engel-Gottvater-Gruppe* (1609) und den beiden Erzmärtyrern Stephanus und Laurentius (um 1625). Eine Kopie des berühmten *Elfenbein-Münzschreins* für Kurfürst Maximilian I. (vollendet 1624) erinnert an die Tätigkeit Christoph Angermairs am Münchner Hof.
Zu den wichtigsten Weilheimer Künstlern des 18. Jahrhunderts zählen der Bürgermeister und Bildhauer Franz Xaver Schmädl und der am Bodensee tätige Johann Georg Dürr. Von Schmädl, der mit 300 Werken als *der* spätbarocke Bildhauer des Pfaffenwinkels bezeichnet werden kann, haben sich im Museum eine *Verkündigungsmaria* (um 1760/70) und der Schnitzrahmen eines Altarbildes erhalten.
Als Exponate aus dem Handwerksraum sind erwähnenswert ein goldener Humpen von Franz Kipfinger, zwei Schleifkannen der Weilheimer Zinngießerfamilie Landtsperger und eine spätgotische Blutschüssel eines Baders. Der Palmesel bildet den Mittelpunkt der reichhaltigen Sammlung *Religiöses Brauchtum*. Er ist einer der schönsten erhaltenen Palmesel und dürfte aus der Ulmer Spezialwerkstatt um 1470/80 stammen. Neben einer Reliquienbüste aus der Zeit um 1500 ist von außerordentlicher Bedeutung ein Salzburger Pestsegen aus Steinbock-Horn, den im 17. Jahrhundert eine hochgestellte Persönlichkeit als Schutz trug.
Besonderer Beliebtheit erfreut sich das Stadtmodell, das mit ca. 500 Gebäuden einen guten Eindruck des 1811 noch nahezu erhaltenen, mittelalterlichen Stadtbildes gibt. Das Modell – im *Saal der Stadtgeschichte* aufgestellt – fertigte der Weilheimer Carl Max Stiegele in den Jahren 1979–1982.

Altarantependium aus der Kirche von Raisting-Sölb, Dominikus Zimmermann, um 1730

Im Dachgeschoß steht eine 64teilige *Jahreskrippe* von dem Weilheimer Maler Johann Baptist Wenzl. Sie entstand 1721 für die Friedhofskirche und ist damit eine der ältesten erhaltenen Krippen in Bayern. Zwei bäuerliche *Schlafzimmer* erinnern an die reichen, nachbarocken Brautausstattungen, die auf dem *Kammerwagen* in das Haus der Braut gefahren wurden. In einem weiteren Dachgeschoßraum werden Porträts Weilheimer Bürger der Vergangenheit gezeigt (17.–20. Jahrhundert).

Jahreskrippe von
Johann Baptist Wenzl,
1721, Maria und Joseph

Schmerzensmann von
Hans Leinberger, 1527

Palmesel-Christus, um 1470/80

Künstler und Kunsthandwerker

Künstler

Die zahlreichen Kirchen und Klöster im Pfaffenwinkel als Auftraggeber, und die beim Tridentiner Konzil von 1564 erhobene Forderung zur Neuausstattung der Kirchenräume führten in Weilheim zu einer erstaunlichen Kunstblüte bis 1625/30. Der Beginn der Gegenreformation fiel gerade hier mit dem Heranwachsen und Zuzug von Künstlern und Kunsthandwerkern zusammen, so daß die Kunstgeschichte in Anlehnung an die Wessobrunner Baumeister- und Stukkatorenschule von einer *Weilheimer Bildhauerschule* spricht. Allerdings gab es erst 1618 eine eigene Zunft, zuvor waren die Bildhauer mit den Kistlern und Drechslern vereint. Ein ähnlicher Zustand herrschte wiederum nach dem 30jährigen Krieg: Anscheinend wegen stark dezimierter künstlerischer Kräfte waren die Bildhauer 1665 der Zunft der Maler, Glaser und Drechsler zugeteilt!

An erster Stelle der Bildhauer stehen Jörg Petel (Petle) und Hans Krumpper. Jörg Petel wurde um 1601/02 als Sohn des bedeutenden Weilheimer Kistlers Clement Betle geboren, lernte wahrscheinlich die Elfenbeinschnitzkunst bei Christoph Angermair und das Modellieren der später in Bronze ausgeführten Bozzetti bei Hans Krumpper am Münchner Hof. In dem 1625 in Augsburg eingereichten Meisterrechtsgesuch gibt Petel an, seine Gesellenwanderschaft habe ihn *in Niderland, Italia und Teutschland* geführt. Bestimmend für seine klassisch-expressive Kunstgestaltung war die intensive Berührung mit den *Antichen* und der damals modernen Kunst Gianlorenzo Berninis und Michelangelos. Wichtig wurde auch die spätere Freundschaft mit dem Barock-Malerfürsten Peter Paul Rubens, von dem er eine Terrakotta-Büste schuf, und mit dem Maler Antonis van Dyck, der ihn porträtierte (Original in den Bayerischen Staatsgemäldesammlungen – Alte Pinakothek, Kopie im Stadtmuseum Weilheim). Petel hat besonders seine Elfenbeinschnitzkunst (Kruzifixe) *ruhmredig* (= berühmt) gemacht, so daß man in Augsburg auf die Nachprüfung seines Könnens verzichtete! Er durfte die gnädigste Förderung durch Graf Ottheinrich Fugger erfahren, auch für die Höfe in Pfalz/Neuburg und München hatte er zu arbeiten. In Augsburger Kirchen stehen noch heute wichtige Werke:

Jörg Petel, nach Gemälde von Antonis van Dyck

Der Ecce-Homo-Christus im Dom, das Christkind und ein Kruzifixus in der Barfüßerkirche, Christus Salvator, die Heiligenfiguren Sebastian und Christophorus in St. Moritz. Petel starb während der Belagerung Augsburgs durch die Kaiserlichen im Herbst oder Winter 1634, noch kurz zuvor entstand die Bildnisbüste des politisch-religiösen Gegners König Gustav Adolph – ein Zeichen erstaunlicher Wertschätzung des Künstlers. Obwohl dieser nur 33 Jahre alt wurde, sind bis heute 58 Werke bekannt, 37 haben sich erhalten. Als Hauptwerke gelten die Kreuzigungsgruppe mit Magdalena in Regensburg (Niedermünster), der *Palffy-Crucifixus* in Marchegg/Niederösterreich oder die Terrakotta-Büste des Rubens. Ein kurzlebiger Künstler vom europäischen Rang eines Petel kann letztlich nur Meisterwerke schaffen; so spricht bereits der Nachruhm vom *Fürtreflichen Petel, als schöner Zier unsers Teutschlands,* 1730 wird er gar als *ein Teutscher Michael Angelo* bezeichnet.

Musizierende Engel von Hans Krumpper, um 1620

Aus kunsthistorischer Sicht nimmt neben Petel der Bronzebildhauer Hans Krumpper – zumindest im deutschsprachigen Raum – ebenfalls eine führende Position ein. Ihm gebührt die besondere Ehre, als Nachfolger der italienischen und niederländischen Künstler am Münchner Hof bei Herzog Wilhelm V. und Kurfürst Maximilian I. die Entwicklung des süddeutschen Frühbarock entscheidend mitgeprägt zu haben. Schon Vater Adam Krumpper hatte am Hof gearbeitet, dieser war der Enkel des ältesten bekannten Weilheimer Bildhauers, Thomas Krumpper (seit 1504). Die Begabung des Lehrbuben erkannte bereits sein Vorgesetzter, Friedrich Sustris, der ihn mit anderen trotz finanzieller Nöte am Hof behalten wollte, denn *es könnten guete Leut werden.* Dies traf jedenfalls für Krumpper zu, der zunächst sein Handwerk als *Bronze-Modellierer* bei Hubert Gerhard erlernt hatte. Wie sein einziges, bisher bekanntes Schnitzwerk im Stadtmuseum

Weilheim (Engelsrelief) beweist, beherrschte er auch dieses wohl von Vater Adam Krumpper ihm beigebrachte Teilgebiet der Bildhauerei. Zudem hatte er bei seinem späteren Schwiegervater Sustris die Kunst der Malerei und schließlich auch Architektur *studiert;* er war also eine Art *Allround-Genie* in der Art Michelangelos. Seine Hauptaufgaben am Hof bestanden in der künstlerischen Oberleitung und Mitarbeit bei der Neuausstattung der Residenz, eine 25jährige Tätigkeit für den ehemaligen *Bennobogen* und das Ehrengrabmal Kaiser Ludwigs des Bayern bis 1622, sowie zahlreiche Altarentwürfe und Kirchenbauten in Bayern als persönlicher Baumeister Herzog Wilhelms V. Der Bennobogen war eine in der Frauenkirche zu Ehren der Wittelsbacher errichtete Triumphbogenarchitektur mit acht Altären, dessen Mittelpunkt das berühmte Bronzegrabmal des Kaisers bildete. In der Westfassade der Residenz steht Krumppers *Madonna Boiariae* von 1614/16. Von den Kirchenbauten sind besonders zu erwähnen die in Anlehnung an die Michaelskirche errichtete Weilheimer Stadtpfarrkirche als damals großartigster Bau auf dem Land, zuvor die 1902 abgetragene Paulanerkirche in München, Neugestaltungen der dortigen Augustinerkirche und der ehemaligen Stiftskirche Polling. Entscheidenden Anteil hatte er auch am Umbau des Freisinger Domes. Seinem Schwager Hans Degler in Weilheim vermittelte er zahlreiche Aufträge bis ins damals bayerische Oberösterreich. Krumpper starb kurz vor Petel, im Mai 1634, im Alter von 64 Jahren.

Ein weiterer Weilheimer am Münchner Hof war Christoph Angermair, dessen Hauptwerk – der Münzschrein des Kurfürsten und seiner Gemahlin – heute im Bayerischen Nationalmuseum steht. Mit der thronenden Muttergottes mit Kind, die ursprünglich wohl als Hausmadonna für sein eigenes Wohnhaus gedacht war und heute in der Kirche St. Pölten steht, schuf er 1622 sein Meisterstück. Im Stadtmuseum befindet sich die 1896 entstandene Kopie des berühmten Münzschreins, der in den Jahren 1618–24 gefertigt ist. Das Original gilt als das größte erhaltene Elfenbeinschnitzwerk, in ihm befinden sich 22 Schubladen für die antiken Münzen des Fürstenpaares, die Relief-Schauseiten mit Personifikationen und Allegorien, sowie das bekrönende Reiterstandbild Kaiser Konstantin d. Gr. dienen dem Ruhm des Hauses Wittelsbach. Angermair, ein Lehrer Jörg Petels, schuf außerdem zahlreiche großfigurige Heiligenstatuen für Altäre im bayerischen Raum und die großartigen elfenbeinernen Satyrmasken im Bayerischen Nationalmuseum.

Den Kern der *Weilheimer* am Ort bildeten Hans Degler und Bartholomäus Steinle als echte *Bildschnitzer.* Deglers Vater, der Farbenreiber am Münchner Hof, Hans Tegler, war Weilheimer und Münchner Bürger, so daß eine Übersiedlung des Sohnes nach dessen Ausbildung um 1590/91 nahelag. Steinle zog erst 1605 nach Weilheim und wurde dort 1611 als Vormund Jörg Petels eingesetzt und dessen erster Lehrmeister. Steinle und Degler kämpften als Bildhauer für unbedingte Abgrenzung gegenüber den Kistlern, die aber in Weilheim erst 1618 mit der Gründung einer eigenen Bildhauerzunft gelang. So hatten beide dem Bildhauer Melchior Bendl 1609/10 die Anerkennung verweigern wollen, da er noch bei dem Kistler Clement Betle gelernt hatte.

Degler hinterließ mit Hilfe einer großen Werkstatt ein reichhaltiges Werk: Zu

Madonna mit Kind von Hans Degler in der Pfarrkirche Weilheim-Unterhausen, 1621

nennen sind die drei Altäre in St. Ulrich und Afra in Augsburg (1604, 1607), der Hochaltar der Klosterkirche Paring (1606), die Altäre der Klosterkirchen Kremsmünster und Reichersberg in Oberösterreich; herausragende Einzelwerke sind die Madonnen von Aldersbach, Dietramszell (ehemals Weilheim St. Pölten), Dießen, Hofheim (ehemals Polling), Ingolstadt, München-Au und Weilheim-Unterhausen. Das Stadtmuseum Weilheim besitzt ein Christkind und eine Madonna mit Kind aus der Zeit um 1620 (Leihgaben). Degler starb verarmt, die Künstlerdynastie setzte sich aber noch über drei Generationen fort (mit David, Ambros und Ignaz Degler).

Steinles Hauptwerk steht in der Klosterkirche Stams/Tirol. Hier schuf er mit seiner Werkstatt den berühmten, in Form eines Lebensbaumes gestalteten Hochaltar und zwei weitere, inzwischen verschollene Altäre (1609–12). Die bedeutende

Ausstattung der ehemaligen Klosterkirche Wessobrunn ist verloren (1612/15, 1620), dafür ist in der ehemaligen Stiftskirche Polling noch der später umgestaltete Hochaltar Steinles erhalten (ehemals zwölf Altäre mit Gemälden Elias Greithers d. Ä.). Im Stadtmuseum Weilheim sind die Figuren der beiden Erzmärtyrer Stephanus und Laurentius, sowie eine Gruppe Gottvater mit zwei Altarengeln aus Stams bewahrt (Leihgaben).

Degler hatte eine große Anzahl von Schülern, von denen besonders Hans Spindler d. Ä. und Hans Jacob Zürn zu nennen sind. Die süddeutsche Bildhauerkunst des 17. Jahrhunderts war mit dem Auftreten der *Weilheimer* entscheidend geprägt, wenn auch die Zeitspanne ihres Wirkens wegen des 30jährigen Krieges bis um 1625/30 auf höchstens 40 Jahre begrenzt war. Viele Gesellen mußten wegen der begrenzt gehaltenen Zahl der Meister am Ort und mangels Aufträgen auswandern, so z.B. Adam Baldauf (Tirol), Philipp Dirr (Freising), Ludwig Vogl (Ried in Oberösterreich) und Caspar Spruner (Österreich). Im 18. Jahrhundert erlangten noch die Bildhauer Franz Xaver Schmädl als *Bildhauer des Pfaffenwinkels* und Johann Georg Dürr – ein Großneffe von Philipp Dirr – in der Gegend des Bodensees überregionale Bedeutung.

Von den fast 70 namentlich bekannten Malern seit 1522 – die beiden ältesten waren Hans und Jörg Greimolt – sind Vater Elias d. Ä. und Sohn Johann Greither in der Zeit zwischen 1591 und 1645 hervorzuheben. Sie vertreten den frühbarocken Malstil der Münchner Hofmalerei in Südbayern. Überregionale Bedeutung erlangte Elias Greither durch die erwähnten Weilheimer Werke in der Friedhofs- und in der Stadtpfarrkirche und durch die größtenteils verlorenen Altarbilder der Kloster- und Stiftskirchen Andechs, Benediktbeuern, Beuerberg, Habach, Kremsmünster/Oberösterreich, Polling und Rottenbuch. Johann Greither war mehr als Fresken- und Fassadenmaler in Weilheim selbst tätig (Ölgemälde in der Stadtpfarrkirche Mariae Himmelfahrt und im Stadtmuseum). Der spätbarocke Maler Johann Sebastian Troger konnte zwar den Rang seiner Kollegen Johann Baptist Zimmermann und Johann Baptist Baader nicht erreichen, erhielt aber zahlreiche Aufträge als Weilheimer Fassadenmaler (ehemaliges Haus des Kaufmanns Michael Schönberger, ehemalige Stadtmühle in der Ledererstraße) und für Dorfkirchen im Pfaffenwinkel (z.B. Obersöchering).

Christus Salvator von Jörg Petel in der Pfarrkirche St. Moritz, Augsburg, 1632

Hochaltar der Klosterkirche Stams/Tirol von Bartholomäus Steinle, 1609-12

Kunsthandwerker

Von außerordentlicher Bedeutung waren auch die *Gold- und Silberschmiede,* deren vollendete Werke man neben den Bildhauerarbeiten ursprünglich als die *Weilheimer Stückl* bewunderte. Unter den Goldschmieden sind besonders die Familien Kipfinger, Glaner, Raith, Angermair, Höldt und Steigenberger zu nennen. Der älteste war ein Caspar Greimolt (erwähnt 1504), der berühmteste Joseph Anton Kipfinger d. Ä. Nachgewiesen sind über hundert Goldschmiede in der Stadt. Hier anzuschließen sind die *Zinngießer,* deren Kunst vor allem durch die Familie Landtsperger im 17. und 18. Jahrhundert bekannt war. Daneben gab es rund *40 Kupferschmiede* (Erlacher und Mayr), *100 Schlosser und Uhrmacher* (Mair, Schwartz, Albrecht, Pirschl, Förster) und *100 Hafner* (Karl, Essel, Furthuber, Stempfl, Stickl, Leistle). Alle Berufszweige hatten ihre frühesten bekannten Vertreter Anfang des 16. Jahrhunderts, nur ein Hafner Gabriel ist bereits 1495 erwähnt.

Die Aufhebung der Klöster 1803 und zwei Stadtbrände 1810/1834 ließen das blühende kulturelle Leben in Weilheim beinahe zum Erliegen kommen. Der enge künstlerische Kontakt mit München und Augsburg war jedenfalls unterbrochen. Strukturelle und damit wirtschaftliche Veränderungen bahnten sich erst wieder an, als 1866 die Bahnlinie München-Weilheim fertiggestellt war.

Hefenkanne von Georg Landtsperger, 1667

Intarsienschrank von Clement Betle, 1587

Zunftlade der Weißgerber, 1684

Zunftwesen

Entwicklung seit dem 15. Jahrhundert

Weilheim war seit der 2. Hälfte des 15. Jahrhunderts eine aufstrebende Handwerker- und Künstlerstadt, die die Höhepunkte ihres Schaffens nach 1600 und vor 1800 erreichte. Zwangsläufig ergab sich, wie seit dem Hochmittelalter üblich, die Vereinigung der (Kunst-)Handwerker in Zünften, die als übergeordnete Berufsorganisation der jeweiligen Handwerkszweige Werdegang, Berufsausübung und -ethik reglementierten und überwachten. Als früheste Weilheimer Zünfte entstanden 1442 die Ledererzunft, 1481 die Schneiderzunft und 1491 die Schuhmacherzunft. Die für Weilheim so wichtigen Goldschmiede und Bildhauer bildeten ihre eigene Zunft erst 1572 und 1618; diese waren vorher den Kistlern (= Kunstschreinern) angegliedert und es gab deshalb gelegentlich Streitigkeiten wegen der Ausführung von ornamentalem oder figürlichem Schnitzwerk. Die Maler waren dagegen mit den Seidenstickern und Glasmalern in einer Zunft vereint, jedenfalls seit 1665. Am gewichtigsten traten wegen Anzahl oder Reichtum der Mitglieder die Zünfte der Bierbrauer und der Gold- und Silberschmiede auf. Aus später Zeit, erst vom Jahre 1783, stammt die Zunftordnung der Weilheimer Hafner. Zünfte waren entsprechend ihrer mittelalterlichen Herkunft aus Bruderschaften ursprünglich stark religiös geprägt, ihre Mitglieder hatten bestimmte kirchliche Verpflichtungen und sorgten bei Notfällen auch für andere Mitglieder und deren Familien; die Zünfte dienten jedoch auch dem geselligen Leben mit gemeinsamen Mahlzeiten und Trinkgelagen.

Ausbildung

Jede Zunft hatte ihre strenge Satzung, die in der Zunfttruhe oder Zunftlade aufbewahrt unter Verschluß lag. Die Satzungen regelten zunächst den Ausbildungsgang der *Lehrknechte.* Sie durften von einem Meister nur dann aufgenommen werden, wenn sie ehelich geboren und gut beleumundet waren. Zunächst hatten sie eine 14tägige Probe zu bestehen, dann wurden sie bei Eignung *aufgedingt,* d. h. im Beisein der Zunftmeister förmlich aufgenommen und die Namen in das Register eingetragen. In die Zunftkasse – *Büchse* genannt – mußte eine Gebühr entrichtet und dem ehrsamen Handwerk eine *billige Ehrung* in Form eines Umtrunks gewährt werden. Die Dauer der Lehrzeit betrug meistens drei oder vier Jahre, Söhnen eines Meisters wurde ein Jahr erspart.

Die *Freisagung* oder *Gesellensprechung* war immer mit einer Feier und einem Umtrunk verbunden, die jungen Gesellen erhielten den letzten *Schliff* (z. B. bei den Kistlern) und wurden endgültig in die Zunft aufgenommen. Anläßlich der Feier erhielten sie einen Spitznamen, der später manchmal sogar als Familiennamen weiterlebte (z. B. *Baldauf*).

Für seine weitere Ausbildung zum Meister erhielt der Geselle ein Zeugnis, die *Kundschaft* und den Lernbrief, die erforderliche Taxe hatten Geselle und Meister bei der Stadt zu bezahlen. Danach machte sich der Geselle – auch das war vorgeschrieben – auf die Wanderschaft zu fremden Meistern in anderen Orten, gelegentlich sogar im Ausland (als solches galt allerdings früher auch schon alles außerhalb des Herzogtums, also z. B. Allgäu, Augsburg, Werdenfels). Von dem berühmtesten Weilheimer Bildhauer Jörg Petel ist der Lehraufenthalt in Italien bekannt, *um die Antichen zu studieren.*

Es gab sehr lange Arbeitszeiten: Im Sommer – auf dem Land von Georgi (23. April) bis Michaeli (16. Oktober) gerechnet – begann der Arbeitstag um 4 oder 5 Uhr morgens und dauerte – bei drei Stunden Essenspausen – bis 19 oder 20 Uhr, sodaß sich eine 16stündige Arbeitszeit ergeben konnte. Dabei betrug der Taglohn für Gesellen je nach Stellung zwischen vier und zwölf Kreuzer täglich. In Berufen mit künstlerischem Einschlag bezahlte man den Meister nach Kostenvoranschlägen zu den mit dem Auftraggeber ausgehandelten Festpreisen.

Niederlassung der Meister

Jeder Geselle hatte die Möglichkeit, Meister zu werden, wenn er bestimmte Voraussetzungen erfüllte: Er mußte ledig sein, die Arbeit auf Wanderschaft nachweisen und letztlich ein Meisterstück liefern (er mußte *stucken*). Schwieriger war die Niederlassung in einer Stadt, verbunden mit der Berechtigung zur Führung einer Werkstatt. Dazu mußte der neue Meister die *Handwerksgerechtigkeit* vom Rat erlangen, die wegen drohender Konkurrenz nicht beliebig ausgeweitet werden durfte. So heiratete z. B. der aus Oberstdorf/Füssen, also aus dem Ausland kommende Bildhauer Franz Xaver Schmädl 1734 die Witwe seines Meisters Martin Dirr, um dessen Werkstatt übernehmen und weiterführen zu können. Eine Aus-

Zunftschilder:

Bader und Wundärzte, 1764
(Vorderseite)

Bader und Wundärzte, 1764
(Rückseite)

Maurer, 1781 (Vorderseite)

Maurer, 1781 (Rückseite)

Metzger, 1838

Ledergerber, um 1800

nahme wird es aber gewesen sein, als der Kistler Clement Betle 1587 das Weilheimer Bürgerrecht, Haus und Werkstatt in der Schmiedstraße (heute Kaufhaus Rid) erwarb: Damit war es einem *Hereingehockten* gelungen, sich ohne Einheirat niederzulassen. Sonst ließ die Zunft nämlich lieber eine Werkstatt eingehen *(absterben),* als sie einem unliebsamen Konkurrenten anzuvertrauen.

Zunftpraxis

Allerdings nutzten die Zünfte ihre Monopolstellung nicht zum Nachteil der Kundschaft aus. Es galt vielmehr als Ehre, die Kunden sachgemäß und preisgünstig zu bedienen. So verpflichteten sich die Weilheimer Schwarzfärbermeister im Jahr 1648, *einen jeden... ihr Tuch, Loden und Gewand, das ihnen zum Färben anvertraut, fleißig und treulich mit beständiger und gerechter Farbe zu färben, dabei nichts zu verabsäumen, zu verbrennen oder etwa verfaulen zu lassen, sondern sobald als möglich jedem das Seinige... heimzugeben, dasselbe im geringsten nicht zu verwechseln, sondern einem jeden, dem Armen sowohl als dem Reichen, um einen gleichen und leidlichen Lohn notdürftig zu mangeln, zu reiben und zu richten.* Solch ein ehrliches Geschäftsgebaren war in allen Zünften üblich. *Beschauer* hatten die Güte der Waren zu prüfen. Den Erzeugnissen der Gold- und Silberschmiede, der Zinngießer und Kupferschmiede wurden die Marke des Meisters und das Beschauzeichen der Stadt eingeprägt. Trotzdem gab es immer wieder Betrugsversuche; z. B. mit Beimengung von Kupfer bei Goldarbeiten und von Blei bei Zinngefäßen. Die Herabwürdigung eines Kollegen war verpönt, es galt der Grundsatz: *Die Meister sollen gar freundlich und einmütiglich und lieblich mit einander leben.* Dazu gehörte die gleichzeitige Aussetzung der Arbeit (z. B. das *Feier halten* zwischen Weihnachten und Lichtmeß), oder Verbote für die Metzger, bereits einem andern Meister versprochenes Vieh einzuhandeln oder für die Bräuer, außerhalb ihres Hauses beliebig viele Zapfstätten einzurichten. Auch das gegenseitige *Abspannen* von Gesellen oder das Unterbieten der vorgeschriebenen Preise zur Kundenwerbung waren untersagt.
Vehement wehrten sich heimische Meister gegen die *Pfuscher* auf dem Land. So verboten die Weilheimer Färber jede Aufrichtung ländlicher Werkstätten, damit ihr Handwerk nicht *verstimplet und von der Stadt fortgezogen werde.* Untereinander sorgten die Handwerkszweige ebenfalls dafür, sich nicht gegenseitig *ins Handwerk zu pfuschen:* Schneider durften *ein Kürschnerwerk nicht unter ein Gewand ziehen, noch dasselbe verbrämen.* Nestler, die an sich für die alleinige Herstellung von ledernen Schnürriemen verantwortlich waren, durften aber auch Schurzfelle und Lederhosen färben – sehr zu Verdruß und Mißgunst der offiziell anerkannten Färber. Streitigkeiten suchten die Meister und Räte der Stadt gemeinsam zu schlichten.
Bemerkenswert ist eine spezielle Vorschrift für die Weilheimer Hafnergesellen, die *nicht ohne Stock oder Handschuh oder mit bloßen Hemdärmeln* auf die Straße gehen durften. Anscheinend hielt sich diese Zunft auch sonst für außerordentlich,

denn ihre Ordnung von 1783 trägt neben den Unterschriften der vier Meister auch die eines Altgesellen, eines Junggesellen und vier weiterer Gesellen. Diese Unterscheidung deutet auf eine Rangordnung innerhalb der Gesellenschaft, die auch mit Bezeichnungen wie *ganzer* und *halber* Geselle zum Ausdruck kommt.

Strafen

Bei nachweislichen Vergehen kamen die in den Zunftordnungen aufgeführten Strafen zur Geltung. Sie bestanden meist in Geldbußen für die Zunftbüchse, aber auch in *Wachsstrafen,* die der Sünder in Form von Wachs für die Zunftkerze in der Kirche zu begleichen hatte. Härter waren Entziehung eines Tages- und Wochenlohnes oder gar die *Niederlegung des Handwerks* für die Zeit der offenen Schuld (vgl. Hans Deglers Haft im Feil-Turm).

Feste

Die festlichen Veranstaltungen der Zünfte hatten ihren Höhepunkt am *Dintzeltag,* der gewöhnlich mit dem Kalendertag des erwählten Zunftheiligen identisch war und mit Gottesdienst, Besprechung von Handwerksangelegenheiten, gemeinsamem Mahl, Trunk und Tanz begangen wurde. Sie gestalteten sich geradezu als Familienfeste, da den Zünften als gleichzeitigen Bruderschaften nicht nur die Zunftgenossen selbst, sondern auch deren Frauen und Kinder, Bürger und Beamte als eingeschriebene Brüder und Schwestern angehörten. Beim Gottesdienst brannte die große Zunftkerze, die Familien- und Taufnamen sämtlicher lebenden und verstorbenen Bruderschaftsmitglieder wurden verlesen; anschließend begab sich das Handwerk in die Herberge des ältesten Meisters, in eine Wirtschaft oder in das *Tanzhaus.* Bei *offener Lade,* in der Urkunden und Bücher lagen, fanden bei Bedarf Verhandlungen über Zunftgelder und Neuwahlen der Zunftmeister statt. Die Teilnahme am Dintzeltag war für alle Mitglieder bindend, ebenso die Teilnahme an den Sonntagsgottesdiensten, an den Prozessionen oder an Beerdigungen verstorbener Zunftgenossen.
Während der Zusammenkünfte sollte, wie es in der Färberordnung heißt, *gute Bescheidenheit in Worten und Gebärden gehalten werden, auch ein jeder sich freventlicher Gotteslästerung (des Fluchens), unzüchtiger Reden enthalten und bei den Umfragen keiner dem anderen mit Reden vorgreifen.* Jeder sollte sich so aufführen, *wie es einem ehrliebenden Handwerksgesellen wohl ansteht, auch rühmlich und löblich ist.*

Ende des Zunftwesens

Das Zunftwesen hatte sich im letzten Jahrhundert allmählich durch seine starre Form und die daraus resultierende Einengung freierer wirtschaftlicher Möglichkeiten selbst überlebt. Im Jahr 1863 erfolgte in Bayern die Aufhebung der Zünfte, die bis dahin mehr als ein halbes Jahrtausend Bestand hatten.

Brunnen

Der Stadtbrunnen am Marienplatz

Weilheim hat neun öffentliche Brunnen. Der heutige Stadtbrunnen am Marienplatz steht mit dem Alten Rathaus und der Mariensäule fast genau auf der Mittelachse des Platzes. Quadratisch im Grundriß, zeigt der Brunnen auf den schräg gestellten Ecksockeln Putten als Personifikationen der Jahreszeiten. Die Mittelsäule mit den acht dünnen Wasserröhren trägt bekrönend eine Vase mit vergoldetem Pinienzapfen. Stilistisch weist diese zopfgeschmückte Vase in die Zeit des Frühklassizismus, die Putten sind noch stärker vom Rokokostil geprägt. Allerdings handelt es sich bei den Figuren, Steinplatten und Ecksockeln um Kopien in Freiberger Muschelkalk.
Die Brunnenkopie stellt eine im Vergleich zum literarisch überlieferten, *kostbaren* Springbrunnen aus Rottenbucher Sandstein nur einen äußerst bescheidenen Abglanz dar. Die ursprüngliche Pracht war im Vorhof des Klosters Steingaden seit 1791 zu bewundern. Nach den Beschreibungen anläßlich eines geplanten Transportes nach München 1803 und des Teiltransportes nach Weilheim 1806, muß der Brunnen wenigstens dreimal so groß gewesen sein.
120 Jahre später waren die erhaltenen Originalteile des ehemaligen Brunnens so desolat, daß sie nach Herstellung von Kopien im Oktober 1929 entfernt wurden (die Figuren kamen sogar schon vor 1918 ins Museum). Im Frühjahr 1930 wurde der Nachbau aufgestellt, zwei besser erhaltene Putten schmückten nach 1950 die Grünanlage an der Alpenstraße. Seit 1982 stehen alle vier Originalputten restauriert im Innenhof des Bürgerheims.

Ehemalige Brunnen

Aus der Zeit um 1700 hat sich die älteste exakte Wiedergabe der Weilheimer Altstadt erhalten. Die großflächige Zeichnung zeigt am Marienplatz zwei Brunnen, in der Admiral-Hipper-Straße einen und in der Oberen Stadt zwei kleine Trogbrunnen am Stadtbach. Deutlich ist auch zu erkennen, daß am Marienplatz große Springbrunnen mit Mittelsäule und polygonalem Basin standen (Zwölfeck?). Den vorderen Brunnen, der ungefähr an der Stelle des späteren Steingadener Klosterbrunnens gestanden sein muß, zierte ein holzgeschnitzter Neptun. Wahrscheinlich entstand eine frühe Figur des beliebten Meergottes 1533 von der Hand des Weilheimer Bildhauers Thomas Krumpper, die Fassung übernahm anschließend Jörg Greimold.
Der zweite Springbrunnen am Marienplatz diente anscheinend als zentraler Stadtbrunnen für den täglichen Wasserbedarf der Anlieger. Nach der Abbildung kann man ebenfalls auf ein polygonales Basin schließen, die Mittelsäule trug allerdings

Stadtbrunnen mit Putten der vier Jahreszeiten

Brunnen mit raufenden Buben am Kirchplatz

keinen Figurenschmuck. Dieser Brunnen wurde angeblich 1861 abgebrochen. Weitere Gebrauchsbrunnen (Pumpbrunnen) standen am offenen Stadtbach und am Simetsbach in der Pöltner Straße. An diesen Brunnen konnten die Bürger auch ihre Wäsche waschen.

Moderne Brunnen

Im 20. Jahrhundert entstanden kleinere Beckenbrunnen an der Stadtmauer beim ehemaligen Pöltner Tor, beim Finanzamt, an der östlichen Umfriedungsmauer bei St. Pölten, im Innenhof der Bachbräupassage, ein kreisförmiger Springbrunnen in der Grünanlage an der Alpenstraße/Röntgenstraße und am Kirchplatz der Figurenbrunnen, dessen zwei raufende Buben die früheren Auseinandersetzungen zwischen den Bewohnern der Altstadt und der Oberen Stadt symbolisieren; im Jahr 1986 ließ der Weilheimer Verschönerungsverein aus Anlaß seines 125jährigen Bestehens in der Fußgängerzone (an der Stelle des ehemaligen Schmiedtores) einen großen Brunnen mit vier Beckenfontänen errichten. Den Mittelpfeiler zieren Bronzereliefs, die der Weilheimer Bildhauer Kurt Speckbacher geschaffen hat. Sie zeigen die Weilheimer Stückl *Die Kirchenrutscher, Der Ochs auf der Stadtmauer, Die Rathausstiegen* und *Das Sauaufheben.*
Zuletzt entstand in der Anlage vor der Stadthalle ein Brunnen, der sich natürlich in die Umgebung am Ammerufer einfügt. Den Wettbewerb dazu hatte Karl Heinz Hoffmann aus Wieling gewonnen, mit der originellen Idee, den aus einem Steinblock gemeißelten Brunnenkörper als einen integrierenden Bestandteil der Natur in Form eines geschwungenen Felsenplateaus erscheinen zu lassen.

Altweilheimer Bürgerleben

Stadtbild und Bürgertum

In Weilheim ist anschaulich dokumentiert, wie das Leben unserer Vorfahren wenigstens im Hochmittelalter bestimmt und bestimmend war: Die Stadtpfarrkirche Mariae Himmelfahrt bildete als mächtiges Bauwerk optisch einen markanten Ortsmittelpunkt, und das kirchlich orientierte Leben spielte eine tragende Rolle. Dagegen suchte sich weltlicher Bürgersinn immer zu behaupten, was sich im verliehenen Stadtrecht mit seinen relativen Freiheiten und neu gewonnener Sicherheit, zudem in der Etablierung eines Stadtrates und schließlich im Neubau des neben der Kirche stehenden Rathauses zeigte. Abgesehen von den Kirchen und gefreiten Häusern gab es in der Stadt zunächst nur schindelgedeckte Holzhäuser, die das Stadtbild entscheidend prägten. Erst seit dem Spätmittelalter mußten sie durch Steinbauten mit Brandmauern und Ziegeldächern allmählich ersetzt werden. Die Besitzverhältnisse waren – im Vergleich zu heutiger Ausbreitung von Firmen und Banken im Stadtkern – eher bescheiden, wenn auch ein doppelter Hausbesitz des Bildhauers Hans Degler in der Schmiedgasse bekannt ist. Einen Sonderfall stellt der Kirchturm von Mariae Himmelfahrt dar: Während das Schiff der *Kirche* gehört, liegt die Baulast für den Turm bei der Stadtgemeinde.
Das Leben war stark beeinflußt von den zahlreichen kirchlichen Festen, Vespern und Gottesdiensten. Daneben galten die weltlichen Maße aller Dinge, die am und im Rathaus festgelegt waren: Gewichte, *Elle* und *Fuß* als Längenmaß, sowie die strikte Gesetzgebung mit teilweise drakonischem Strafmaß. Der herzoglich und kirchlich geprägte Obrigkeitsstaat war in Weilheim durch den Landrichter vertreten. Vor allem durch die strenge Abgabenpolitik bis zu gelegentlicher Ausbeutung der Bauern und durch Seuchen hervorgerufene, wirtschaftliche Not kam es zu Aufständen und zum Bauernkrieg von 1525, von dem Weilheim – wohl aus Gründen der Loyalität dem Staat gegenüber – verschont blieb. In diesem Zusammenhang muß an die LIBERALITAS BAVARICA erinnert werden: Die *Freigebigkeit* hochdotierter Klöster führte wohl zu dem Sprichwort: *Unter dem Krummstab ist gut leben* - wenn dieses geflügelte Wort auch etwas nach Eigenlob klingt. Von Landesherren und reichen Bürgern gab es tatsächlich großzügige Stiftungen, besonders im Pfaffenwinkel und in Weilheim selbst, großartige (Bau-)Kunst entstand (oft spielte dabei der *Los-Kauf* der Seele eine Rolle). In Weilheim müssen in diesem Zusammenhang die Bauten des alten Heilig-Geist-Spitals durch den Münchner Patrizier Ludwig Pütrich d. Ä. und der Stadtpfarrkirche durch Herzog Wilhelm V. genannt werden.
Bis zum Beginn des Industriezeitalters blühte das streng in Zünften organisierte Handwerk, das in Weilheim seit dem 15. Jahrhundert nachweisbar ist. Speziell das Weilheimer Stadtleben war von der Tradition der Kunsthandwerker geprägt, die sich bis zur Aufhebung der Klöster 1803 in schwankender Zahl hielten. Führende Handwerkszweige waren Goldschmiede, Zinngießerei, Hafnerei, Bildhauerei und Malerei. Einzelne *Zünfte* waren für den Schutz bestimmter Bereiche der Stadtmauer oder der Tore verantwortlich. Die *Schützen* hatten ursprünglich Pflicht und Recht, die Stadt mit Waffen zu schützen.

Votivbild mit Prozession anläßlich einer Viehseuche in der Oberen Stadt, 1793 (im Stadtmuseum)

Familienalltag im Mittelalter

Der Alltag war hart: Zum Arbeitsbeginn im Sommer läutete die Glocke auf dem Pöltner Torturm bereits um 5 Uhr und der Arbeitstag dauerte dann bis 18 Uhr. Nur zwei Stunden Pause waren vorgesehen – jedenfalls für die Lehrlinge. Für die gnädig vom Meister gewährte Arbeitsstelle mußte der Lehrling der früheren Jahrhunderte auch noch *Lehrgeld* bezahlen. Daneben gab es die Ausbildung zum *Handler* oder die *höhere* Bildung in Klosterschulen, nicht nur zur Vorbereitung auf den Beruf des Geistlichen. Buben wurden manchmal schon mit 14 für mündig erklärt, Mädchen bereits mit 12: Früh *geschult,* dienten sie im Haushalt und als Ehefrau. Doch gab es immerhin auch ca. 25 % selbständige Frauenhaushalte, anderen *Weibspersonen* blieb nur der Eintritt ins Kloster. Die *Familie* – ein Ausdruck, der erst nach der französischen Revolution aufkam – war Ort des Rechts

und des *Hausfriedens.* Die Ehe wurde standesgemäß vollzogen, nachdem sich die Brautleute oft bereits als Kinder versprochen waren. Seit der Mitte des 14. Jahrhunderts gab es Eheverträge zur Regelung von Mitgift und Erbansprüchen. Dazu gehörte vor allem die Braut-Truhe mit dem persönlichen Besitz der Frau; als Geschenke für die Hochzeit, die bis zu einer Woche dauern konnte, waren Briefladen und Hochzeitsschüsseln in reicheren Familien üblich. Die ursprünglich weltliche Hochzeit (vor der Kirchenpforte) wurde im 16. Jahrhundert in den Kirchen-Innenraum verlegt, erst seit 1563 galt allein die kirchlich geschlossene Ehe! Der Oberschicht war der Zutritt zum *Hochzeitshaus* (in Weilheim der *Tanzsaal* im Rathaus) gestattet. Die spätere Wohnungsausstattung bestand lediglich aus Tisch, Stühlen, Bett und einer Truhe; nur begüterte Bürger konnten sich einen Schrank leisten, (so stammen die beiden berühmten Schränke im Stadtmuseum Weilheim aus klösterlichem Besitz).
Geburt und Tod waren selbstverständliche Vorgänge innerhalb des Familienkreises. Manches Paar hatte bis zu 15 Kinder, von denen allerdings meist weniger als die Hälfte überlebte. Es gab keine elterliche Bildungserziehung in unserem Sinne und keine Schulpflicht, wenn auch 1305 ein Herr *Merbotus* als *Lehrer der Kinder zu Weilheim* genannt ist. Er wird wohl Kindern der reicheren Bürger eine Art Elementar-Unterricht im Rechnen und Lesen gehalten haben, während die Kinder der einfachen Leute mit zur Arbeit herangezogen wurden und weitgehend nur durch Nachahmung lernten (deshalb lag die Lese- und Schreibfähigkeit der Erwachsenen bis ins 18. Jahrhundert bei nur 30 bzw. 10 Prozent). Beliebtes Spielzeug waren Rasseln, Steckenpferd, Holzpuppen oder lebende Tiere. Übrigens trugen Buben bis zum Alter von sieben Jahren Röcke, danach galt die Devise *Kleider machen Leute* (standesgemäße Tracht).

Votivbild mit der ältesten Darstellung eines Maibaumes, Pfarrkirche Deutenhausen, 1733

Pestsegen aus Steinbockshorn,
17. Jahrhundert

Blutschüssel für Aderlaß,
2. H. 15. Jahrhundert

Tod, Krankheit

Tod, Auferstehung und ewiges Leben prägten tief das Bewußtsein des mittelalterlichen Menschen: Der Tod galt als natürlicher Bestandteil des Lebens. Seit dem 14. Jahrhundert verstärkte sich die Angst vor ewiger Verdammnis derart, daß vor allem Reiche sich zuletzt gerne von ihren materiellen Werten trennten und Stiftungen ins Leben riefen. Geistliche, Adelige und wohlhabende Laien wurden oft innerhalb der Kirche begraben. Tote durch Kriegseinflüsse gab es – soweit die Quellen hier ausreichend Auskunft geben – in Weilheim relativ wenige. Prominente Opfer waren Bürgermeister Fasser und Maler Elias Greither d. Ä., der wahrscheinlich am 8. November 1646 im Alter von 77 Jahren von einem schwedischen Soldaten in der Pöltner Straße erschossen wurde.
Neben dem natürlichen Tod plagten die Bevölkerung besondes die durch Kreuzfahrer nach Europa eingeschleppte Lepra (Leprosenhaus und -kirche St. Johann in Töllern), die Ruhr und seit 1347 bis 1353 die Beulenpest als *Schwarzer Tod,* die rund ein Drittel der Bevölkerung dahinraffte und in Weilheim 1349 zur Gründung des Friedhofes am Betberg führte. Im Stadtmuseum Weilheim befindet sich ein bedeutender Salzburger *Pestsegen* aus Steinbockshorn, den man als Schutz am Körper trug. Als Pestpatrone galten Elisabeth, Rochus, Sebastian (Friedhofskirche!), Martin und Georg.

Erster Bau des Städtischen Krankenhauses, 1881

Essen und Trinken

Die tägliche Nahrung blieb einfach: Grundnahrungsmittel waren Roggen, Gerste, Hirse und Hafer als Grütze und Mehlsuppe. Daneben gab es Rüben, Erbsen, Spinat und Kohl als *Mus!*
Brot und Brei, seltener Fleisch, bildeten den Hauptbestandteil der täglichen Mahlzeiten. Während das Brot nur mit Wasser zubereitet war, ist der Brei, bei dem Milch auch als Kochmittel für das Mehl oder eine Körnerfrucht diente, schon als nahrhafte Speise erkannt worden. Der Brei, lange Zeit die wichtigste Ernährungsmöglichkeit der Bauern, wurde meist aus Gersten- oder Hafermehl oder mit Hirse zubereitet. Auch aus Hülsenfrüchten, besonders aus Bohnen wurde Brei gekocht, so diente er vor allem als Fastenspeise.
Ein anderes Gericht waren die aus Mehl oder Grütze hergestellten Graupen und Farfeln, die man aus Mehl und Eiern fertigte und in die Suppe gab. Auch die bayerischen Knödel sind eine altbekannte Speise. Von den Hackfrüchten war besonders die Rübe geschätzt, die man sott und mit Salz und Speck aß; oder man hackte sie mit dem Kraut klein und dämpfte sie zu *Rübenkraut.*

Kraut und Kohlarten fanden ebenfalls schon früh Verwendung als Nahrungsmittel, dazu (Sauer-)Ampfer, Rapunzel, Buchkohl, Löffelkraut und andere Krautsorten. Seit dem frühen Mittelalter kannte man auch schon das Einlegen von Gemüse. Eine altheimische Würzpflanze ist der Lauch in seinen verschiedenen Arten. Vor Pilzen als Speise wurde in Pestzeiten gewarnt. Obst und Beeren wurden roh, gekocht oder gebraten eingemacht oder gedörrt. Besonders beliebt war das Braten von Äpfeln und Birnen; Steinobst, Pflaumen, Kirschen und Beeren wurden häufig mit Honig und später mit Zucker eingekocht und als Speise oder Fülle verzehrt.

Schleifkanne der Schuhmacherzunft
von Melchior Landtsperger, 1686

Einrichtung Alt-Weilheimer Bürgerhäuser

Für das 17. Jahrhundert gibt es genaue Aufzeichnungen im Stadtarchiv Weilheim, die Aufschluß geben über die Einrichtung der Bürgerhäuser. Jede Familie bewohnte ein eigenes Haus, das immer mit Stall und Stadel versehen war (Kennzeichnung im Stadtplan von 1811). Nur in ganz wenigen Fällen wurde keine Viehhaltung betrieben. Selbst reiche Handelsleute verzichteten nicht auf diesen Nebenerwerb. So zeigt sich deutlich, wie bäuerlich die Bevölkerung der Kleinstadt geblieben war, obwohl Handwerk und Handel eine bedeutende Rolle spielten.

Stube

Herzpunkt des Hauses war die Stube, mit dem Tisch in der Fensterecke und es war besonderer Erwähnung wert, wenn er eine Schublade aufwies. Die Bänke davor hießen *lange Stühl* und waren oft mit Lehnen ausgestattet. Die Tische wurden anscheinend gerne grün oder blau angestrichen. Groß war die Zahl der Sitzmöbel: Dreifüßige Stühle, strohgeflochtene, lederne oder grün gestrichene Sessel, ein Lehnstuhl und ein *dreieggerts Stühlerl* standen neben Stühlen mit und ohne *Geländer.* Sehr häufig sind kleine *Aufhängtischel* an der Wand aufgeführt. Neben der Tür stand der Milchkasten, in dem die *Milli-Weidling* für die Rahmgewinnung aufbewahrt wurden. Der Kasten konnte auch in die Wand eingelassen oder durch eine Milchtruhe ersetzt sein. Daneben gab es das *Gießkastl* mit Gießfaß und Platte aus Zinn, Kupfer oder Irdenware, an dem man sich die Hände wusch. Der *Badkasten* in der Stube deutet auf ein Schwitzbad hin. Beim Schulmeister sind eigens aufgeführt ein altes Clavicord, ein Hackbrett, eine Geige und sechs Notenbücher.
Nicht vereinzelt ist der Fall, daß die Stube auch als Werkstatt dienen mußte. Des Baders Stube zierte ein Spiegel, *100 Laßköpfe* (für den Aderlaß), *zehn zinnerne Büchsen und Palbierzeug* oder *24 Badhüte, 36 Badschäfflein und Medikament.* Der Bildhauer Leonard Koch hinterließ in seiner Stube *unterschiedliche gipsene Mödel und allerlei alte gemalte Tafeln.* Der Maler Franz Koch bewahrte in einem Kästl *allerlei Kupferstich, wie es zur Malerei gehörig,* des Schwarzfärbers *fünf Kessel* stehen in seiner Stube, ebenso beim Schäffler das *völlige Schäfflerwerkzeug* samt zwei Betten. Der Hafner Martin Ridl hinterließ alles Handwerkzeug, einen Mühlstein, vier Hammer und vier große und kleine Becken. 1692 werden erstmals Ofenkacheln genannt (Beispiele im Handwerksraum des Stadtmuseums). Die Menge Hafnerware, die Salomon Hagn hinterläßt, gibt Einblick in die Verwendung von *erdenem* Geschirr im Weilheimer Bürgerhaus und in der Umgebung. Er hat auf Lager: *167 Häfen, 40 Schüsseln, 40 Ofen-Kächele, 150 Weidling, zehn Brat-Kächelen* und viele andere Gerätschaften. Außerdem befinden sich im *Stibl im Höfele* nochmals 30 große und 100 kleine Häfen, 100 Schüsseln und Weidlinge.

Entwurf zum Fresko der Hausfassade für das ehemalige Schönberger-Haus (Heberlein) am Marienplatz, 1774

Küche

Immer lag die Küche zu ebener Erde. Die Haupteinrichtung bestand offenbar aus dem Herd mit Dreifuß, Feuerhund und Rost, manchmal auch aus einem *Prater mit Bratspieß*. Sehr häufig befand sich der kupferne Waschkessel in der Küche (*wiegt 17 Pfund!*), der deshalb oft in die Mauer eingelassen war. *Speiskästen* und eine Speistruhe, z.B. für Mehl, waren in der Küche oder in der Stube zu finden. Das *Brotgehäng* war an der Decke befestigt. *Rührkübel* und *Pütrich* (= Fäßchen für 3–6 Maß zur Feldarbeit) standen in der Ecke, an der Wand hing ein *Zahlbrett*.
In größeren Häusern wird die *Kuchel* vom *Kuchelgewölb* getrennt, das den ganzen Vorrat an Pfannen, Häfen, Becken und Küchengeschirr aufnimmt, Die Schauküche, wie sie in reichen Bürgerhäusern üblich war, finden wir in Weilheim im Haus des Goldschmieds Matthias Schmidt als *Zän-Kämmerl*, mit einem schönen Hausrat von Zinn, Kupfer und Messinggeschirr.

Deckel eines kupfernen Vorratsgefäßes, 1707

Schlafkammer

Die Lage der Schlafkammer im Weilheimer Bürgerhaus war nicht einheitlich. Sie befindet sich in der *hinteren Stube* zu ebener Erde oder öfter in der Stubenkammer, dem von unten her erwärmten Raum über der Stube. Die Bezeichnung für die Schlafkammer lautete *Kammer, Kammer-Stibl* oder *obere Stube*. Das Hauptstück der Einrichtung war die *große Bettstatt nebst drei Fürhäng und einem Stängl, auch ein gemalter Himmel* (ein solches Himmelbett von 1782 steht im Stadtmuseum). Neben dem *gehimmelten Bett* oder der *Bettstatt ohne Himmel* stand ein *Liegbett* oder ein *überzogener Lieg*, manchmal auch ein *vergittertes Bettstättl* und das *zinnerne Nachtgeschirr*. Zur Aufbewahrung von Kleidern und Wäsche dienten Truhen und Schränke. Hölzerne Truhen, *darinnen des Verstorbenen schwarzledernes Brautgewand* oder *mit Eisen beschlagene Truhen* verkörpern den ältern Typ und werden zahlenmäßig vom (unbemalten) Kasten übertroffen. Im doppelten *Gwandkasten* konnten Bettleinen und *die Halskleider der Frau Wittib* (= Witwe) liegen. Die Dienstboten mußten sich mit *niederen Kästen* begnügen. In der Kammer befanden sich außerdem ein Tisch, Stühle und ein kleines *Trüherl,* in dem man die *alten Fleck* oder im *eingelegten Trüherl* Wertgegenstände aufbewahrte. Darunter fanden sich z.B. 13 Kannen, 15 Schüsseln, 12 Zinnteller und zwei Messingbecken oder bei der Bierbräuin Felicitas Vöglein *54 kleine und große Zinnschüsseln, 36 Zinnteller, 20 zinnene Maßkandln, sieben zinnene Becher, zehn Messingleuchter, zwölf zinnene Salzbüchsen, 30 Laßköpf (für Aderlaß) und eine große Kanne mit einem Schild.* Das Glanzstück der Kammer bildet jeweils das *gemalte, hölzerne Altärl mit Glas* mit einem *Christkindlein und Kruzifix darbei.* Dazu gab es Gebetbücher, *sechs eingebunden Quellbrunnen und andere alte scripta.* Selten gab es jedoch einen Spiegel. Vor den mit Zinn beschlagenen Fensterrahmen hängen *weiße Fürhäng,* eine hölzerne oder eiserne *Zaig- und Schlaguhr* tickt an der Wand (Beispiele im Handwerksraum des Stadtmuseums).

Flur

Der *Flöz* (= Hausflur, Gang) dient vor allem in Wirtshäusern und Werkstätten zu täglichem Gebrauch. Für Einquartierungen sorgten außerdem eine eigene Soldatenkammer, die nur mit einem *Pött, sonst nichts* bestückt war. Im Flöz befand sich meist auch das *Badstübel,* seine Einrichtung bestand aus *einem langen Zuber und einem kupfernen Bad-Kessele.* Hier konnte auch das Küchengeschirr aufbewahrt werden.

Soziale Schichtung

Unterschiede zwischen sozial Höherstehenden und den *kleinen Tröpfen* sind sofort erkennbar. Außer den Bierbräuern, Handelsleuten und Goldschmieden, die sich durch größeren Reichtum auszeichneten, begegnen wir einer ziemlich gleichartigen, mittelständischen Schicht. So konkretisieren die genannten Beispiele unsere Vorstellungen vom alten Weilheim als Zentrum eines bäuerlichen Umlandes, aber auch als Ausgangspunkt weitreichender Handelsbeziehungen – sozusagen vom einfachen *Milli-Weidling* und *Stühlerl* zum schweren Zinnkrug und wertvollen Silberteller. Ausdruck von Reichtum durch Handel bis in den Vorderen Orient dokumentierte Michael Schönberger mit seiner Rokoko-Fassade des Malers Johann Sebastian Troger, die im Jahr 1774 an seinem Wohnhaus am Marienplatz entstand.

Schulen

Während im Mittelalter (bis um 1900) auf dem Land der Dorfpfarrer im Pfarrhaus den einfachen Unterricht im Lesen, Schreiben und Rechnen erteilte, gab es in der Stadt bereits in der 1. Hälfte des 14. Jahrhunderts einen *Merpot, Schuelmaister zu Weilhaim* (erwähnt 1305 und 1316). Obwohl kein Schulzwang herrschte, müssen die Weilheimer Bürger, jedenfalls im 15. Jahrhundert, einen starken Bildungsdrang gezeigt haben; 1492 wurde dem Herrn Merpot ein *Junkmeister* beiseite gestellt, mit der Aufgabe, den Kirchengesang mit den Kindern zu üben und teilweise den Unterricht zu übernehmen.
Unter Herzog Wilhelm IV. kam dann 1521 eine Verordnung für geregelten Unterricht und unter Herzog Albrecht V. (1550-79) ein von Pater Canisius verfaßter Katechismus heraus. Eine *Schulpflege* hatte die Fortschritte der Kinder, aber auch die Bereitschaft der Eltern zu prüfen, ihre Kinder zur Schule zu schicken.
In der 2. Hälfte des 16. Jahrhunderts kam ein *lateinischer Schulmeister* nach Weilheim, zwischen 1600 und 1650 sind für dieses Fach ein Erhard Perghammer und ein Melchior Olber genannt. Der deutsche Unterricht fand im ersten Stock des ehemaligen *Brückenkürschnerhauses* (Buchhandlung Stöppel) statt, der lateinische Unterricht (bis um 1750) im ehemaligen *Brücknerhaus* (heute Buchhandlung Buttner) in der Admiral-Hipper-Straße. (Diese Lateinschule wurde 1835 als eine Übergangsschule für das Gymnasium bis vor 1900 wieder ins Leben gerufen; den Unterricht hielt der jeweilige Spitalkurat.) Schulbücher gab es seit dem 16. Jahrhundert und damals wurde der Schulbesuch dank der *wohlfeileren* Lehrmittel auch intensiviert. Die ersten Bücher lieferte das Kloster Benediktbeuern.
Bis gegen Ende des 18. Jahrhunderts waren die Schulen der *General-Landesdirektion* unterstellt, danach wurden sie unter die Oberaufsicht des *kurfürstlichen bayerischen Oberschulen- und Studienkommissariats* und des *kurfürstlichen Geistlichen Rates* gestellt. Die Pfarrer fungierten als *Lokal- und Distriktsschulinspektoren* und waren verpflichtet, vierteljährliche Besuche an den Schulen zu machen und Prüfungen zum Jahresende zu halten.
Belebt wurde das Schulwesen um 1800 durch die Einführung von *Arbeitsschulen* für weibliche Handarbeiten *(Strickschule),* der *Feiertagsschulen* und des Unterrichts in der *Obstbaumpflege* durch Stadtpfarrer Homer (diese Aufgabe hatten von 1704 bis 1804 die Klausner am Gögerl übernommen). Bis 1866 gab es sechs Schuljahre, bei einer Einteilung in jeweils zweijährigen Klassenturnus. Seit 1855 unterrichteten vier Lehrer in Weilheim, und die Schulen waren nach Geschlechtern getrennt; seit dem 18. September 1866 hatten die *Englischen Fräulein* als Lehrerinnen der Mädchen den Unterricht aufgenommen. An der Johann-Baur-Straße stand von 1873 ab die Volksschule für 200 Mädchen.
Die erste *Volksschule* war bereits 1864 entstanden, an der Stelle des heutigen Landratsamtes an der Pütrichstraße. 1902/3 folgte ein weiterer Schulneubau an der Röntgenstraße, der 1957 erweitert und 1968 – nach Eröffnung einer selbständigen *Sonderschule* – als *Hauptschule* fortgeführt wurde. Die beiden anderen

Volksschulen wurden 1967/68 und 1971/72 an der Ammer und an der Hardtstraße neu errichtet.
1872 erfolgte die Gründung einer zweikursigen *Fortbildungsschule,* die sechs Jahre später zu einer vierklassigen *Realschule* erweitert wurde (seit 1884 sechsklassig). Der Unterricht fand zunächst noch im Schulgebäude an der Pütrichstraße statt, 1938 bezog man den heutigen Altbau des Gymnasiums an der Alpenstraße (seit 1941 Oberrealschule, seit 1946 mit einem humanistischen Zweig). 1963 und 1965/66 kam es wegen der enorm gestiegenen Schülerzahl zu den südlichen Erweiterungsbauten; jetzt hieß die Schule *Gymnasium.* 1974 errichtete man anstelle des alten Verwaltungsbaues nochmals einen Neubau.
Die *Realschule* nimmt eine Zwischenstellung zwischen Volksschule und Gymnasium ein, hier wird vor allem der Nachwuchs für Stellen in Wirtschaft und Verwaltung herangebildet. Sachträger der Schule ist der Landkreis Weilheim-Schongau, Personalträger ist – wie bei den Volksschulen und dem Gymnasium – der Freistaat Bayern. Ursprünglich wurde die Realschule 1950 als *Mittelschule* gegründet (gültige Bezeichnung bis 1966). Der Unterricht fand zunächst im Turnsaal des *Büchler'schen Knabenheims* und in der ehemaligen *Gewerbehalle* hinter dem Rathaus (heute städtische Bücherei) statt. Von 1952-54 entstand ein erster Schulbau am Prälatenweg, der 1961 und 1974 mit neuen Gebäuden erweitert wurde.
Im Jahr 1939 wurde die *Berufsschule* durch einen Zusammenschluß von 21 Gemeinden und dem Landkreis zu einem Schulverband gegründet. Die Gemeinden des Altlandkreises Weilheim haben nach der Verbandsgründung mit den Gemeinden Dießen a. A., Riederau und Utting a. A. den Aufbau einer Schulanlage mit zwei Gebäuden für den theoretischen und den praktischen Unterricht begonnen. 1977/78 entstand schließlich der Gemeinschaftsbau für die Berufsschule und die *Staatliche Fachoberschule* an der Kerschensteinerstraße.
Diese Schule führt von der mittleren Reife in zwei Jahren und von der Fachschulreife in einem Jahr zur Fachhochschulreife. Die Schule wurde in Weilheim 1970 gegründet, mit den Ausbildungszweigen Technik, Wirtschaft und Sozialwesen. Die Schüler kommen aus den Landkreisen Weilheim-Schongau, Garmisch-Partenkirchen, Starnberg, Landsberg/Lech und Bad Tölz-Wolfratshausen.
Nach der Gründung der *Landwirtschafts-Beratungsstelle* 1922 öffnete im folgenden Jahr eine *Landwirtschaftsschule* im ehemaligen *Spitalhof* an der Münchner Straße. Zehn Jahre später erhielt sie ein eigenes Gebäude neben der alten Realschule an der Pütrichstraße. Der Unterricht erstreckte sich auf zwei Winterkurse, die jeweils von Anfang November bis Mitte März dauerten. Dieser Schule war eine hauswirtschaftliche Abteilung angegliedert.
Träger der *Landwirtschaftlichen Berufsschule* ist ein eigener Zweckverband, der 1963 aus vier kleineren Verbänden hervorging. Mit der Kreisreform wurden im Bereich Weilheim-Schongau Berufsschüler auch aus den Landkreisen Garmisch-Partenkirchen, Starnberg, Bad Tölz-Wolfratshausen und Landsberg/Lech zusammengefaßt. Die Unterrichtsräume befinden sich im Gebäude der Landwirtschaftsschule, die 1986/87 einen Neubau erhielt.

Fuhrverkehr und Postwesen im Oberland

Straßennetz

Seit der Römerherrschaft in Oberbayern (15 vor– 400 n. Chr.) gab es zwei wichtige Heer- und Handelsstraßen, die die Verbindung von Italien nach Augsburg *(Augusta Vindelicum)* und weiter nach Norden herstellten: Die über den Brennerpaß, Innsbruck, Mittenwald, Partenkirchen, Weilheim, Wielenbach und Dießen führende Brennerstraße und die über den Fernpaß, Füssen, Landsberg führende Via Claudia Augusta.

Transportwesen

Diese auch noch im Mittelalter benutzten Fahrwege – auf ihnen zogen z. B. häufig die deutschen Könige zur Kaiserkrönung nach Rom – waren vor allem von schweren, mit vier bis acht Rossen bespannten Fuhrwerken in Anspruch genommen, die zwischen Triest-Venedig-Bozen und Augsburg-Nürnberg ihre Lasten von Papier- oder Tuchballen, Samt und Seide, Baumwolle, Südfrüchten, Öl und Wein, Eisenwaren und Waffen beförderten. Manche Besitzer größerer Fuhrwerke fuhren sogar als Begleitschutz in eigenen Kaleschen hinterher, im Werdenfelser Land – es gehörte dem Hochstift Freising – war herrschaftliches Geleit im Gegensatz zu anderen deutschen Ländern nicht üblich, obwohl überall die Gefahr der Plünderei drohte. Außer dem Lastverkehr gab es auch Wanderer und Einzelreisende, die ursprünglich eine bescheidene Nachrichtenvermittlung durch persönliche Beförderung der Schriftstücke – meist kostenlos – ermöglichten.

Rottfuhren

Zur Ablösung der Beförderungsmittel gingen Kaufleute allmählich dazu über, die Waren nicht mehr mit eigenen Pferdewagen zu transportieren, sondern sie besonderen Vereinigungen von Fuhrleuten und Pferdebesitzern anzuvertrauen. Solche Vereinigungen, die *Rotten,* bildeten sich in einigen, als Rottstationen bezeichneten Orten. In solchen Orten – z. B. in Schongau – gab es *Ballenhäuser,* in denen die Waren bis zur Weiterbeförderung gestapelt wurden. Die Rottleute durften die Verfrachtung nur bis zur nächsten Rottstation vornehmen, dort kam die nächste Rott an die Reihe (daher Rott = Regel, Reihe, Tour). Für ihre Leistungen bekamen die Rottleute Entlohnung, sie hatten das alleinige Recht auf Güterbeförderung und Erhebung der Niederlegungsgebühr der zu befördernden Waren. Zu einer Rott gehörten außerdem die *Praxer,* die den Fuhrwerken vorausgingen, um auf engen Bergstraßen – besonders an der Kesselberg- oder Ettaler Bergstraße – mit entgegenkommenden Fahrzeugen die Ausweichmanöver an den dafür bestimmten Stellen zu regeln. Auf dem Land wurde die Rottberechtigung in Form eines Lehens vergeben; Straßen mit Rott- oder Lehensleuten nannte man entsprechend Rottstraßen. Wegen des zunehmenden Verkehrs sah man sich genötigt, größere Warenmengen, insbesondere den Holztransport, zu rationalisieren und zu beschleunigen. Abhilfe schuf man mit den Rottfuhren auf Isar und Loisach seit dem 15. Jahrhundert.

Die Kesselbergstraße

1487 genehmigte Herzog Albrecht IV. den Bau der Kesselbergstraße, die nach ihrer Fertigstellung 1492 (im Jahr der Wiederentdeckung Amerikas!) eine erhebliche, wenn auch sehr gefährliche, da steile, enge und kurvenreiche Wegverkürzung nach Mittenwald darstellte (dort fand damals vierteljährlich der große Bozener Markt statt). Der Fuhrverkehr über die neue Straße entzog allerdings den Märkten an der alten Weinstraße – Weilheim, Murnau, Partenkirchen – viele Waren und brachte damit wirtschaftliche Einbußen mit sich.

Zeichen zum Einlegen des Radschuhes für Fuhrwerke auf steilen Bergstraßen
(hier an der Reichsstraße nach München bei Monatshausen)

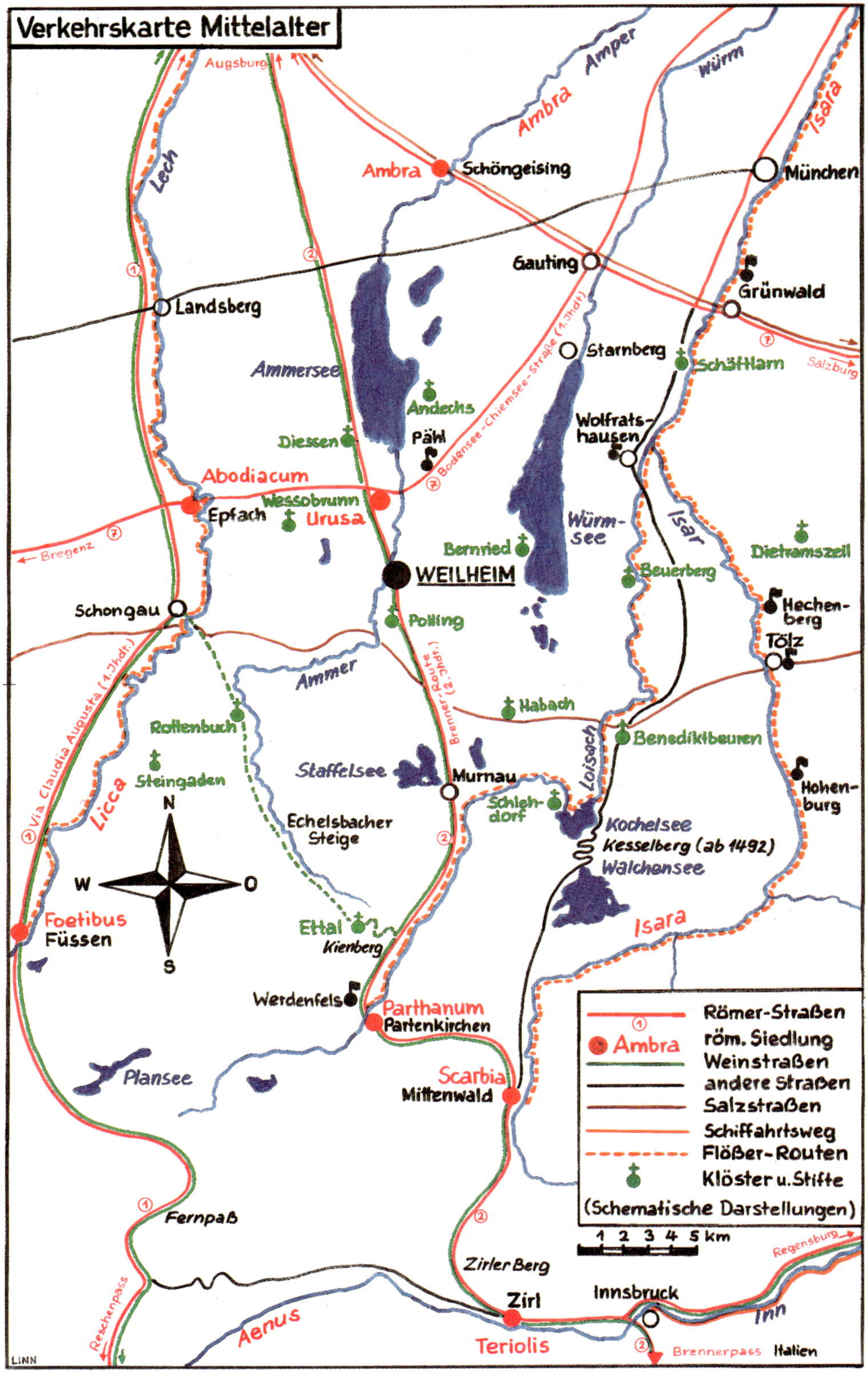
Verkehrskarte Mittelalter
Augsburg
Amper
Ambra
Würm
Isara
Ambra
Schöngeising
München
Lech
Gauting
Grünwald
Landsberg
Starnberg
Salzburg
Schäftlarn
Ammersee
Andechs
Bodensee-Chiemsee-Straße (1. Jhdt.)
Diessen
Pähl
Wolfratshausen
Abodiacum
Wessobrunn
Epfach
Urusa
Würmsee
Isar
Bregenz
Bernried
Dietramszell
WEILHEIM
Beuerberg
Schongau
Polling
Hechenberg
Tölz
Ammer
Brenner-Route (2. Jhdt.)
Habach
Via Claudia Augusta (1. Jhdt.)
Rottenbuch
Benediktbeuren
Loisach
Steingaden
Staffelsee
Murnau
Licca
Schlehdorf
Hohenburg
N
Echelsbacher Steige
Kochelsee
Kesselberg (ab 1492)
W
O
Walchensee
Foetibus
Füssen
Ettal
Isara
Kienberg
S
Werdenfels
Parthanum
Partenkirchen
Römer-Straßen
Ambra
röm. Siedlung
Weinstraßen
andere Straßen
Salzstraßen
Plansee
Scarbia
Mittenwald
Schiffahrtsweg
Flößer-Routen
Klöster u. Stifte
(Schematische Darstellungen)
Fernpaß
1 2 3 4 5 km
Regensburg
Zirler Berg
Reschenpass
Zirl
Innsbruck
Inn
Aenus
Teriolis
Brennerpass
Italien
LINN

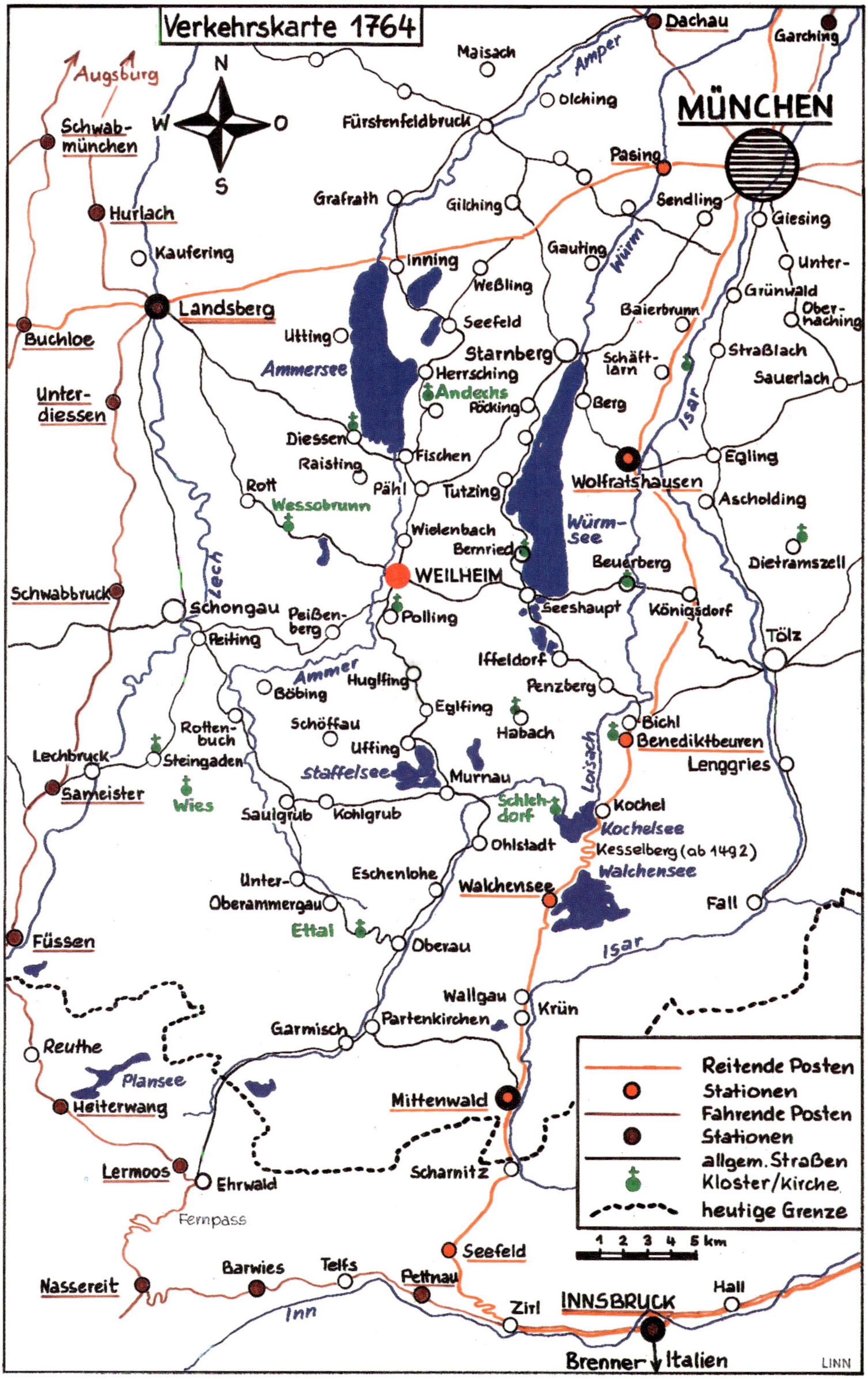
Verkehrskarte 1764
Augsburg
Schwab-
münchen
Hurlach
Kaufering
Landsberg
Buchloe
Unter-
diessen
Schwabbruck
Schongau
Peißen-
berg
Peiting
Lechbruck
Sameister
Steingaden
Rotten-
buch
Wies
Füssen
Reuthe
Plansee
Heiterwang
Lermoos
Ehrwald
Fernpass
Nassereit
Barwies
Telfs
Pettnau
Zirl
INNSBRUCK
Hall
Brenner Italien
Inn
Seefeld
Scharnitz
Mittenwald
Garmisch
Partenkirchen
Wallgau
Krün
Isar
Oberau
Ettal
Oberammergau
Unter-
Eschenlohe
Walchensee
Kesselberg (ab 1492)
Kochelsee
Kochel
Schlehdorf
Ohlstadt
Saulgrub
Kohlgrub
Murnau
Staffelsee
Uffing
Schöffau
Böbing
Ammer
Huglfing
Eglfing
Habach
Penzberg
Iffeldorf
Seeshaupt
Polling
WEILHEIM
Bernried
Wielenbach
Wessobrunn
Rott
Raisting
Pähl
Tutzing
Diessen
Fischen
Ammersee
Utting
Herrsching
Andechs
Pöcking
Inning
Seefeld
Weßling
Grafrath
Gilching
Gauting
Starnberg
Würm
Würm-
see
Berg
Fürstenfeldbruck
Maisach
Olching
Amper
Dachau
Garching
MÜNCHEN
Pasing
Sendling
Giesing
Unter-
Grünwald
Ober-
haching
Baierbrunn
Schäft-
larn
Straßlach
Sauerlach
Egling
Wolfratshausen
Ascholding
Dietramszell
Beuerberg
Königsdorf
Tölz
Bichl
Benediktbeuren
Lenggries
Loisach
Fall
Lech
Reitende Posten
Stationen
Fahrende Posten
Stationen
allgem. Straßen
Kloster/Kirche
heutige Grenze
1 2 3 4 5 km
LINN

Postwesen

Als im Jahr 1679 der (Mittenwalder) Markt wieder nach Bozen zurückverlegt wurde, war der Bestand der neuen Staatsstraße über den Kesselberg in Gefahr; die Kutschen der *Thurn- und Taxispost* benötigten jedoch dringend diesen Weg, so daß die Gefahr einer Stillegung der Bergstraße gebannt werden konnte. Durch die Einrichtung von sieben Poststationen zwischen München und Mittenwald wurde ein reger Verkehr aufrechterhalten, der über Wolfratshausen, Benediktbeuern und Walchensee führte.
Diese Route einer *Post-, Commerzial-, Rott- oder Staatsstraße* blieb die Hauptstrecke nach Innsbruck bis 1776; Goethe benutzte sie auch noch 1786 auf seiner Italienreise. Endgültig aufgehoben wurde diese Poststrecke mit dem Ende der *Taxis-Post* im Jahr 1808 und die jetzt staatliche Postverwaltung zog den bequemeren Weg über Rosenheim und Kufstein vor.
Die Posthalter der alten Route sahen ihren Broterwerb aber auch schon gefährdet, als 1746 eine neue Route der *welschen Post* von Augsburg über Landsberg, Rott, Weilheim, Murnau, Partenkirchen und Mittenwald nach Innsbruck und ins *Welschland* Geltung erlangte. Diese Strecke wurde dann nochmals 1780 mit dem Weg über Dießen statt über Rott geändert. Außerdem gab es zwei, um 1735 als in sehr schlechtem Zustand beschriebene, aber erheblich abkürzende Verbindungen nach Weilheim über Starnberg, Traubing, Monatshausen und Wilzhofen bzw. Gauting, Perchting, Erling, Fischen, Pähl und Wielenbach. Leute, die den Weizen zur Weilheimer Schranne fuhren oder das kurfürstliche Bräuhaus in der Stadt zu beliefern hatten, beklagten sich wiederholt. Die *obere Straße* über Starnberg setzte sich zunehmend an Beliebtheit durch – wegen der zwei Stunden kürzeren Fahrzeit und weil sie *wegen der Einkehrung und Wirtshäuser viel gelegener und bequemer* war als die *untere Straße* über Gauting. Weilheim war damit ein wichtiger Verkehrsknotenpunkt zwischen München – Partenkirchen und Landsberg – Benediktbeuern/Tölz. Die Nebenstrecke über Starnberg erhielt neue Bedeutung, als 1767 in Pöcking (seit 1803 in Starnberg) ein Posthalter seinen Dienst aufnahm, obwohl er bis 1801 kein Patent erhielt und seine Tätigkeit offiziell nur geduldet wurde.
Den seit 1764 in den Postkutschen Reisenden blieb meist der Umweg über Landsberg nicht erspart; sie kamen lediglich in den Genuß besserer Wege, die die *Tortour* von etwa 30 Stunden allein bis Innsbruck etwas mildern konnten. Da ist es kein Wunder, wenn der Pöckinger Wirt bei der Beantragung seiner Poststation an den Kurfürsten schrieb, daß *alleinig der Graf von Taxis zu Innsbruck mit aller Gewalt solche so sehr nützliche Post gänzlich zernichten wolle, indem er seinem Stallmeister zum größten Nachteil befohlen, niemand diese (neue) Poststraße zu führen...*
Nachdem zunächst die Postritte von Augsburg oder München über Landsberg nur einmal wöchentlich erfolgten und nur Briefe und kleine Päckchen befördert werden konnten – große Pakete und Geldsendungen transportierten nur die Fuhrwerke – war die Einrichtung der *Mittelpost* über Starnberg eine erhebliche Er-

leichterung; aber erst 70 Jahre später, seit 1838, gab es wöchentlich vier Postkutschen – *Eilwagen* – und seit 1841 ging täglich ein solcher Eilwagen auf die Strecke München – Weilheim – Innsbruck. Noch 1812 hatte es im bayerischen Regierungsblatt geheißen, sozusagen als Trost für die zugunsten der inzwischen favorisierten Strecke über Rosenheim und Kufstein vernachlässigte Weilheimer Strecke, *die Postwagensfahrt ist beibehalten und der Postwagen soll wie bisher am Samstag von München abfahren und am Sonntag von Innsbruck zurückkommen.* Seit 1828 gab es erste, wöchentlich verkehrende Eilwagen von Augsburg über Weilheim nach Innsbruck: Sie waren gelb und schwarz lackiert, boten vier Personen Platz und beanspruchten eine Reisedauer von 25 Stunden. Jede Meile kostete 28 Kreuzer, 40 Pfund Reisegepäck blieben gebührenfrei. Die Augsburger Kutsche stand mit derjenigen von München in Verbindung, der Treffpunkt auf der Hinreise war Weilheim und die Trennung der beiden Kutschen auf der Rückreise erfolgte ebenfalls dort.

Einschneidende Änderungen und Beschleunigung des Transports traten mit der Eröffnung der Bahnlinie von München zunächst bis Starnberg 1855 und dann bis Weilheim 1866 ein: Jetzt gingen die Postfahrten von diesen Endstationen aus. Als 1879 die Bahnstrecke bis Murnau verlängert war, gab es von da aus zweimal täglich Postbusse bis Mittenwald. Schließlich fand die Entwicklung mit dem endgültigen Bahnausbau nach Partenkirchen 1899 und Mittenwald – Innsbruck 1912 ihr Ende.

Weilheimer Postmeister

Für die Station Weilheim sind noch einige Personen zu nennen, die sich um das Post- und Transportwesen seit Anfang des 17. Jahrhunderts verdient gemacht haben. Vermutlich war als erster *Postmeister* – ihre ursprüngliche Berufsbezeichnung lautete eigentlich *Botenmeister* – Hans Christoph Rebstain tätig, der 1601 das Weilheimer Bürgerrecht erwarb und am Hauptplatz auf der Nordseite eine Brauerei mit Hofstatt, Stadel, Stallungen und einen Garten besaß (heute Hotel Vollmann). Dieser Besitz ging 1639 auf den Gastgeber Martin Gropper über, der in seinem Absteigequartier hohe Besuche empfangen hat und es zu relativ großem Reichtum brachte.

Weitere Bedeutung erlangte Weilheims Poststation mit der Eröffnung der Taxis-Post von Augsburg nach Mittenwald im Jahr 1746. Der damalige Postmeister ist allerdings nicht bekannt, erst zehn Jahre später ist der Gastgeber, Ratsherr und Bürgermeister Dionys Daffner mit diesem zusätzlichen Beruf genannt. Er verlegte die Posthaltung 1760 auf die Hofstatt, die deshalb Postplatz (heute Rathausplatz) genannt wird, wo die Post über 100 Jahre bestand (später *Post-Lichtspiele*, heute Kaufhaus Echter). Nach dem Tod Daffners suchte sein Enkel, der angehende Bürger und Bierbrauer Joseph Welz im Jahre 1781 um die Nachfolge im Postdienst nach. Auf ihn folgte 1808 der bürgerliche Bräumeister Peter Daser, der

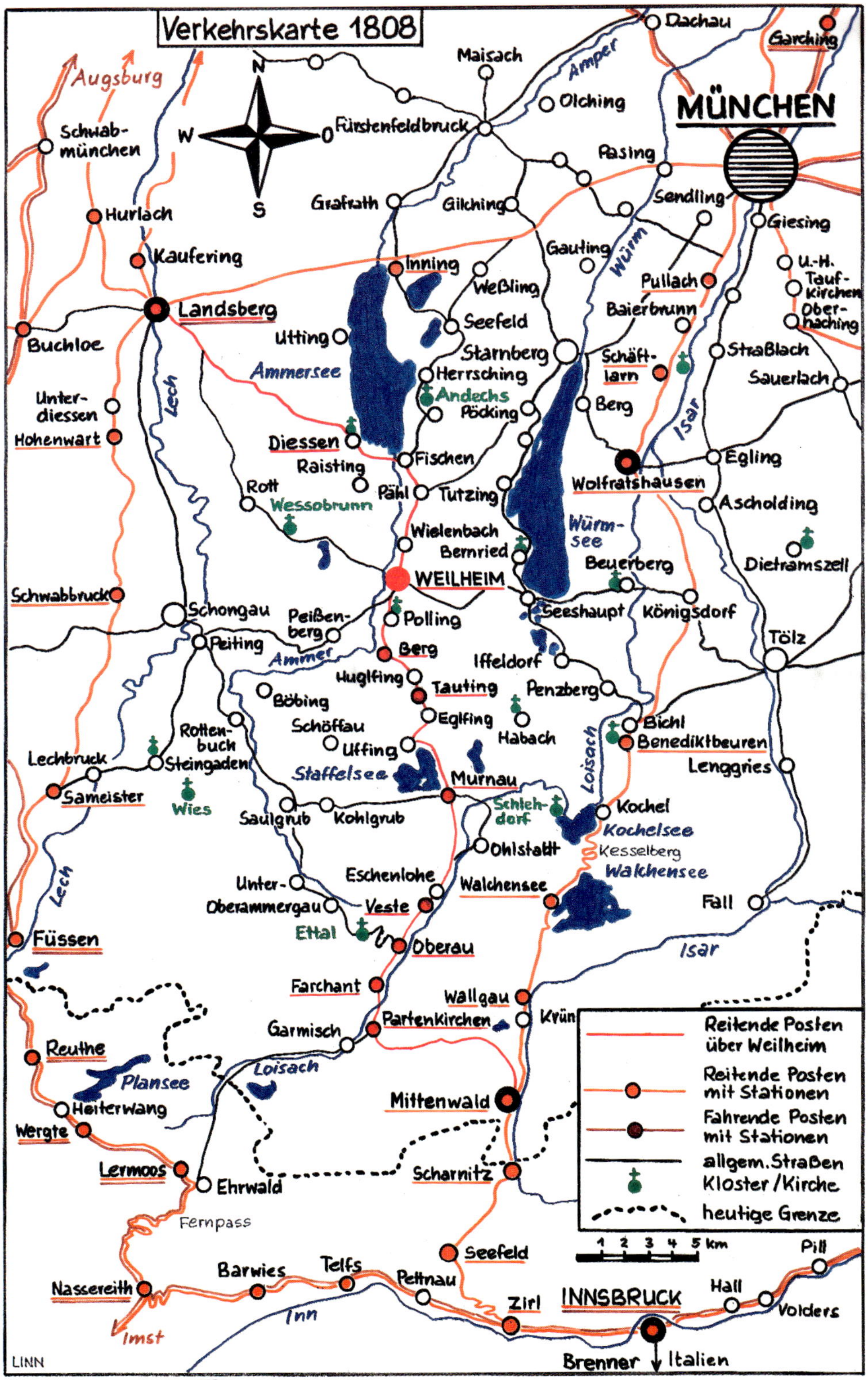

Verkehrskarte 1808
N
W
O
S
Augsburg
Schwab-
münchen
Hurlach
Kaufering
Landsberg
Buchloe
Unter-
diessen
Hohenwart
Schwabbruck
Lech
Schongau
Peiting
Lechbruck
Sameister
Füssen
Reuthe
Plansee
Heiterwang
Wergte
Lermoos
Ehrwald
Fernpass
Nassereith
Imst
Barwies
Telfs
Pettnau
Zirl
Inn
INNSBRUCK
Hall
Volders
Pill
Brenner
Italien
Seefeld
Scharnitz
Mittenwald
Krün
Wallgau
Partenkirchen
Garmisch
Loisach
Farchant
Oberau
Ettal
Veste
Unter-
Oberammergau
Eschenlohe
Walchensee
Ohlstadt
Saulgrub
Kohlgrub
Murnau
Staffelsee
Uffing
Schöffau
Eglfing
Böbing
Huglfing
Tauting
Rotten-
buch
Steingaden
Wies
Ammer
Peißen-
berg
Polling
Berg
Iffeldorf
Penzberg
Habach
WEILHEIM
Wielenbach
Bernried
Seeshaupt
Rott
Wessobrunn
Raisting
Diessen
Pähl
Fischen
Tutzing
Ammersee
Utting
Inning
Herrsching
Andechs
Pöcking
Seefeld
Weßling
Starnberg
Würmsee
Grafrath
Gilching
Gauting
Würm
Maisach
Fürstenfeldbruck
Olching
Amper
Dachau
Garching
MÜNCHEN
Pasing
Sendling
Giesing
U.-H.
Tauf-
kirchen
Ober-
haching
Pullach
Baierbrunn
Schäft-
larn
Straßlach
Sauerlach
Berg
Isar
Wolfratshausen
Egling
Ascholding
Dietramszell
Beuerberg
Königsdorf
Tölz
Bichl
Benediktbeuren
Lenggries
Kochel
Kochelsee
Schleh-
dorf
Kesselberg
Walchensee
Fall
Isar
Reitende Posten
über Weilheim
Reitende Posten
mit Stationen
Fahrende Posten
mit Stationen
allgem. Straßen
Kloster/Kirche
heutige Grenze
1 2 3 4 5 km
LINN

Verkehrskarte 1831
N
W
O
S
Augsburg
Augsburg
Maisach
Dachau
Garching
Amper
Olching
MÜNCHEN
Schwabmünchen
Fürstenfeldbruck
Kloster Lechfeld
Pasing
U.-Pfaffenhofen
Hurlach
Grafrath
Gilching
Sendling
Giesing
Krailling
Gauting
Würm
Kaufering
Inning
Unter-
Weßling
Grünwald
Ober-
haching
Landsberg
Baierbrunn
Buchloe
Seefeld
Ulting
Starnberg
Straßlach
Schäft-
larn
Ammersee
Herrsching
Andechs
Sauerlach
Unter-
diessen
Lech
Pöcking
Berg
Isar
Diessen
Fischen
Egling
Raisting
Wolfratshausen
Rott
Pähl
Tutzing
Ascholding
Wessobrunn
Würm-
see
Wielenbach
Bernried
Dietramszell
Beuerberg
WEILHEIM
Schwabbruck
Seeshaupt
Königsdorf
Schongau
Peißen-
berg
Polling
Peiting
Tölz
Ammer
Iffeldorf
Hugling
Böbing
Penzberg
Eglfing
Bichl
Schöffau
Habach
Rotten-
buch
Benediktbeuren
Uffing
Loisach
Lechbruck
Steingaden
Lenggries
Staffelsee
Murnau
Wies
Saulgrub
Kohlgrub
Schleh-
dorf
Kochel
Kochelsee
Ohlstadt
Kesselberg
Walchensee
Lech
Eschenlohe
Unter-
Walchensee
Oberammergau
Fall
Ettal
Füssen
Oberau
Isar
Wallgau
Krün
Eilwagen
Fahrende Posten
Reitende Posten
Poststationen
Relais-Stationen
Kloster / Kirche
heutige Grenze
Garmisch
PartenKirchen
Reuthe
Plansee
Loisach
Mittenwald
Scharnitz
Lermoos
Ehrwald
Fernpass
1 2 3 4 5 km
Seefeld
Telfs
O.-Miemingen
Platten
Nassereit
Hall
INNSBRUCK
Zirl
Inn
Imst
Brenner
Italien
LINN

beim Übergang der Taxis-Post auf den bayerischen Staat als *kgl. Expeditor* übernommen wurde. 1820 wurde dann Simon Jais zum Posthalter ernannt, seine Witwe Anna führte den Betrieb noch bis zu ihrem Tod 1852 weiter. Dann übernahm den Dienst deren Tochter Katharina Jais, drei Jahre später ihre Schwester Ottilie bis 1862. Die nächsten Expeditoren waren Christoph Kurzwart und Anton Orterer bis 1866, dann fungierten als Vorstände der neuen Post- und Bahnexpedition die Herren Pleninger und Zottmayr. Für das Jahr 1870 werden noch 13 Pferde, fünf vier- und sechssitzige Chaisen und drei zwölfsitzige Stellwagen außer den gewöhnlichen in Weilheim stationierten Omnibussen gezählt. Dieser große Fuhrpark war vor allem wegen des regen Warenverkehrs und insbesondere alle zehn Jahre wegen des Personenverkehrs von und nach Oberammergau zur Zeit der Passionsspiele notwendig. Nach der Jahrhundertwende besaßen die Familien Grünwald und Back das Postanwesen, bis 1916 der offizielle Brief- und Pakettransport von dort aus zum Bahnhof eingestellt wurde. Bereits 1896 waren Postdiensträume für die *kgl. Postexpedition Weilheim 1* im (alten) Rathaus eingerichtet worden. Seit 1921 hat die Post gegenüber dem Bahnhof ein eigenes Gebäude, das aber mit dem Bahnhof im II. Weltkrieg zerstört wurde (Neubauten des Postgebäudes 1954/55 und des Bahnhofs 1961).

Auslegerschild des ehemaligen Gasthofes Post
(Kaufhaus Echter) am Rathausplatz, 1844

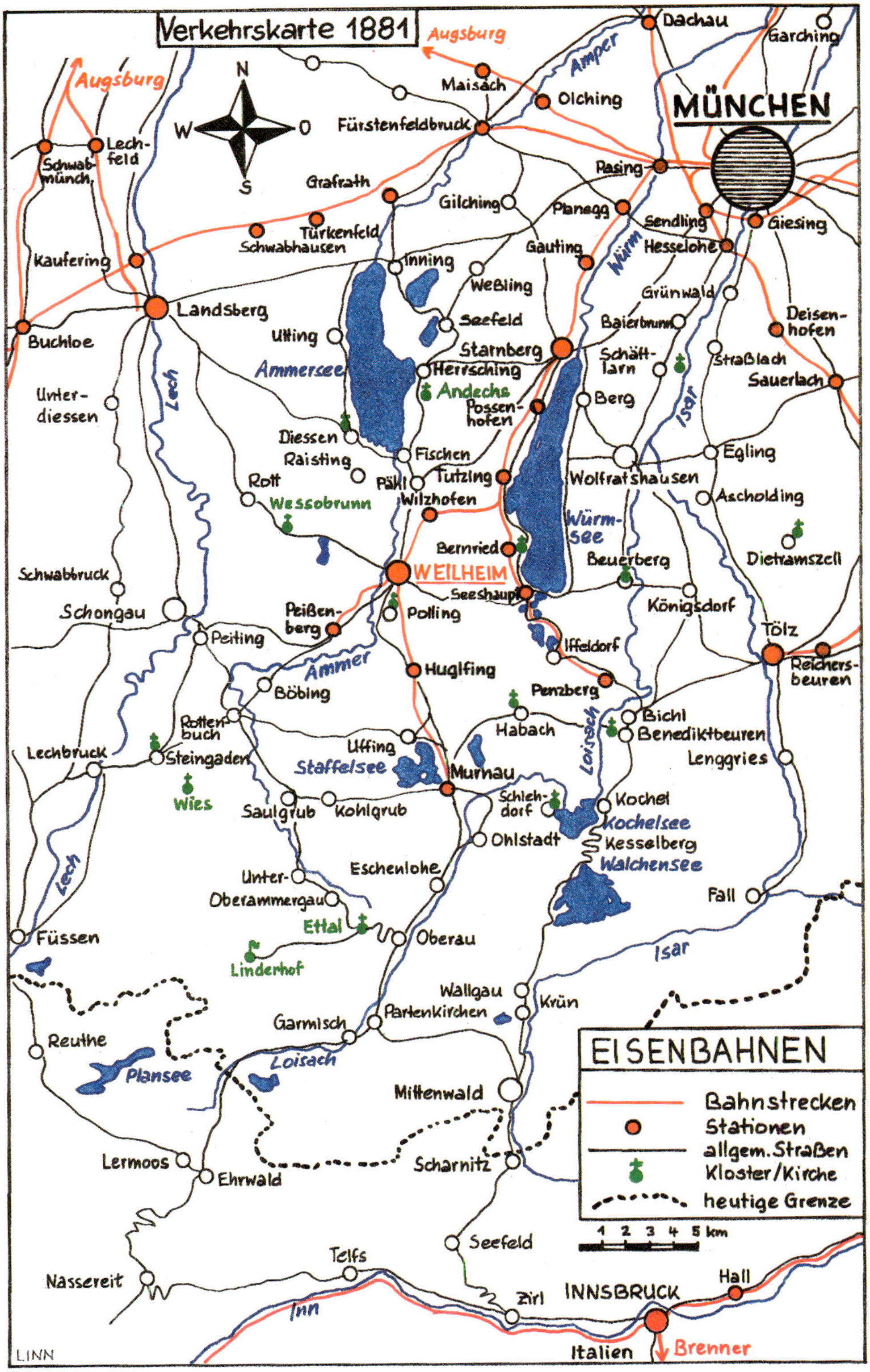
Verkehrskarte 1881
MÜNCHEN
Augsburg
Augsburg
Dachau
Garching
Maisach
Olching
Fürstenfeldbruck
Pasing
Schwabmünch.
Lechfeld
Grafrath
Gilching
Planegg
Sendling
Giesing
Türkenfeld
Schwabhausen
Gauting
Hesselohe
Kaufering
Inning
Weßling
Grünwald
Landsberg
Seefeld
Baierbrunn
Deisenhofen
Buchloe
Utting
Starnberg
Schäftlarn
Straßlach
Ammersee
Herrsching
Sauerlach
Andechs
Possenhofen
Berg
Unterdiessen
Lech
Isar
Diessen
Fischen
Egling
Raisting
Tutzing
Wolfratshausen
Rott
Pähl
Wilzhofen
Ascholding
Wessobrunn
Würmsee
Bernried
Dietramszell
Beuerberg
Schwabbruck
WEILHEIM
Seeshaupt
Schongau
Peißenberg
Polling
Königsdorf
Tölz
Peiting
Iffeldorf
Reichersbeuren
Ammer
Huglfing
Penzberg
Böbing
Rottenbuch
Habach
Bichl
Benediktbeuren
Lechbruck
Steingaden
Uffing
Loisach
Lenggries
Staffelsee
Murnau
Wies
Saulgrub
Kohlgrub
Schlehdorf
Kochel
Kochelsee
Ohlstadt
Kesselberg
Walchensee
Unter-
Eschenlohe
Oberammergau
Fall
Ettal
Füssen
Oberau
Linderhof
Isar
Wallgau
Krün
Partenkirchen
Garmisch
Reuthe
Plansee
Loisach
Mittenwald
Lermoos
Ehrwald
Scharnitz
Seefeld
Telfs
Nassereit
Zirl
INNSBRUCK
Hall
Inn
Italien
Brenner
LINN
EISENBAHNEN
Bahnstrecken
Stationen
allgem. Straßen
Kloster/Kirche
heutige Grenze
1 2 3 4 5 km

Verkehrskarte 1931
N
W
O
S
Augsburg
Augsburg
Dachau
Garching
Amper
Maisach
Olching
MÜNCHEN
Fürstenfeldbruck
Moorenweiß
Grafrath
Pasing
Gilching
Planegg
Sendling
Giesing
Krailling
Gauting
Hesselohe
Lech-feld
Schwab-münch
Kaufering
Türkenfeld
Schwabhausen
Inning
Weßling
Steinebach
Würm
Mühlthal
Grünwald
Landsberg
Seefeld
Baierbrunn
Deisen-hofen
Buchloe
Utting
Lengenfeld
Starnberg
Schäft-larn
Straßlach
Ammersee
Herrsching
Sauerlach
Unter-diessen
Lech
ab 1912
Andechs
Erling
P.-H.
Berg
Icking
Isar
Diessen
Feldafing
Raisting
Egling
Linden
Rott
Pähl
Tutzing
Wolfratshausen
Ascholding
Denklingen
Wilzhofen
Würm-see
Euras-burg
Wessobrunn
Bernried
Ingenried
Schwabbruck
WEILHEIM
Beuerberg
Dietramszell
Schongau
Seeshaupt
Königsdorf
Peißen-berg
Polling
Bad Tölz
Peiting
Eberfing
Iffeldorf
Reichers-beuren
Ammer
Bern-beuren
Böbing
Huglfing
Penzberg
Bad Heilbrunn
Ober-söchering
S.-D.
Stein-gaden
Rotten-buch
Habach
Bichl
Benediktbeuren
Lechbruck
Wild-steig
Uffing
Loisach
Lenggries
Wies
Staffelsee
Murnau
Roßhaupten
Schleh-dorf
Kochel
Saulgrub
Kohlgrub
Kochelsee
Echelsbacher Brücke (1930)
Ohlstadt
Kesselberg
Walchensee
Unter-
Eschenlohe
Walchensee
Oberammergau
Jachenau
Fall
Neuschwanstein
Ettal
Füssen
Oberau
Vorderriss
Linderhof
Isar
Wallgau
Garmisch
Partenkirchen
Krün
Reuthe
Loisach
Plansee
Mittenwald
Hauptbahnen mit Stationen
Nebenbahnen
Kraftpost m. St. ganzjährig
Kraftpost m. St. Sommerlinien
Pferdeposten
Luftpostlinien
heutige Grenze
Lermoos
Scharnitz
Ehrwald
Fernpass
Seefeld
1 2 3 4 5 km
Telfs
Nassereit
Zirlerberg
Zirl
INNSBRUCK
Hall
LINN
Italien
Brenner

Geschichte der Ortsteile Deutenhausen, Marnbach, Unterhausen

Deutenhausen

Wenn sich auch das Bestehen des Dorfes Deutenhausen nicht bis in die vorgeschichtliche Zeit zurückverfolgen läßt, so deutet der Ortsname daraufhin, daß hier vor der ersten Jahrtausendwende ein Tuto, Tieto oder Teuto sein *Haus* gehabt haben muß. Erstmals ist der Ort in der Schenkungsurkunde des Bischofs Norbert von Chur für das Chorherrenstift Habach im Jahr 1083 genannt; sie nennt einen Hainrich von Teutenhusen als Zeugen. Weitere Mitglieder der Edlen von Deutenhausen, die vielleicht einen kleinen Ansitz am Nordhang des Weilheimer *Gögerls* (= Kogel oder Hügel) besaßen, werden häufig in den Aufzeichnungen des Klosters Polling genannt; so vor allem in dem Traditionsrotulus mit Urkundenabschriften aus der Zeit zwischen 1128 und 1177. Sie nennen einen Aribo, Adalbert, Reimbert, Diepold, Marquart und Bertold. Im Jahr 1198 schenkten Hartmann von Deutenhausen und sein Sohn Heinrich die Johanneskirche mit dem Besetzungsrecht auf die Pfarrei Deutenhausen dem Kloster Polling. Mit diesem Heinrich von Deutenhausen erlosch bereits zu Beginn des 13. Jahrhunderts die männliche Linie der Edlen von Deutenhausen.

Dem Kloster gehörten sechs der zehn Bauernhöfe im Dorf, die Chorherren übernahmen selbst die Seelsorge in der Pfarrei. Der bedeutendste Vikar war wohl der nachmalige Propst Franziskus Töpsl, der in den Jahren 1736–40 die Pfarreien Deutenhausen und Marnbach vom Kloster aus versorgte. Das Land und die Bauernhöfe in Deutenhausen, in deren Besitz das Kloster besonders durch Vermächtnisse der Edlen zu Deutenhausen gekommen war, gaben die Pollinger Chorherren an einheimische Bauerngeschlechter zu Lehen. Einen solchen Hof erhielten am 15. Juni 1393 Heinrich der Mayrl und seine Erben. Propst Ulrich überließ ihm den Hof lehensweise und verpflichtete ihn, jährlich *nach Verhältnis der Ernte Getreide, eine Wiesengült, ein Schwein im Werte von drei Schilling Pfennig, zehn Dienst- und zwei Vogthühner, einen Zentner Eier und vier Metzen Hafer* ans Kloster zu liefern.

Über den Bau der Johanneskirche ist wenig überliefert. Die Jahrzahl 1668 über dem Chorbogen erinnert wohl an eine Umgestaltung des Raumes, der Kirchenbau selbst stammt aus früherer Zeit. In das spätgotische 15. Jahrhundert weisen freigelegte Fresken an der Westseite des Langhauses. Aus dieser Zeit dürfte auch der Schmerzensmann in der Nische am Kircheneingang stammen. Im dritten Jahrzehnt des 16. Jahrhunderts, um 1527/30, entstand wohl im Umkreis des Landshuter Bildschnitzers Hans Leinberger die Madonna mit Kind im spätbarocken Hochaltar. Die Assistenzfiguren – wohl aus der Werkstatt Franz Xaver Schmädls – stellen die Kirchenpatrone Johannes den Täufer und Johannes Evangelist dar. Der Altar ist eine spätere Ausschmückung in dem bereits um 1747 vollendeten und von Propst Töpsl konsekrierten Barockbau. Das Deckengemälde mit Maria, den beiden Johannes und zwei Bittflehenden – es ist mit Spiralen, Ranken und Blüten-

Deutenhausen, Ansicht von Süden, 1987

zweigen aus Stuck umrahmt – entstand bereits um 1700. Auf einem Votivbild aus dem Jahr 1733 ist eine Ansicht des Dorfes und die erste Darstellung eines Maibaumes in unserer Gegend zu sehen.
Nach der Säkularisation kam die Pfarrei Deutenhausen zusammen mit Marnbach an die Pfarrei Eberfing und wurde von einem in Marnbach seßhaften Pfarrer betreut. Bei der Neuordnung Bayerns unter König Max I. Joseph entstand auch die politische Gemeinde Deutenhausen, der der Nachbarort Marnbach und die Ortsteile Farchenbichl, Gabler, Gossenhofen, Hardtwiese, Hirschberg am Haarsee, Rauchen und Rothsee angegliedert wurden. Diese politische Einheit bestand bis zur Eingemeindung nach Weilheim am 1. Januar 1978.

Marnbach

Möglicherweise entstand eine Siedlung beim heutigen Ort Marnbach bereits in der Bronzezeit, da man südwestlich des Dorfes, in der Nähe des Weidenbaches, bronzezeitliche Grabhügel entdeckte. Die erste urkundliche Erwähnung findet sich jedoch erst im bereits genannten Pollinger Rotulus für das Jahr 1176, als *zwei adelige Männer, Eberhart von Mahrpach und Lantfried von Dietelhoven* ihr Gut in Dietlhofen dem Kloster Polling übereigneten. Möglicherweise hatte der Ort auch einen Ansitz eines Dorfadels, ein Hof mit dem Hausnamen *Schloßbauer* ließe darauf schließen. Der Ortsname *Marn-Bach* bzw. *March-Bach* kann soviel wie Mark- oder Grenzbach bedeuten: Dieser Bach bildete wohl die Grenze zwischen den Klosterbesitzungen bzw. Hofmarken Bernried und Polling.

Gotische und spätgotische Kirchenbauten für den Hl. Michael sind mit den Weihen von 1324 und 1514 bezeugt. Bis 1479 wurde die Kirche durch Augustiner-Chorherren von Bernried aus besetzt. In diesem Jahr tauschte das Kloster Polling die Marnbacher Kirche gegen die St. Michaelskirche in Seeshaupt ein und Marnbach wurde, wie Deutenhausen, bis 1803 von einem Klostergeistlichen aus Polling betreut. Die alte Marnbacher Kirche wurde 1673, mit Ausnahme des Turmes, abgebrochen und neu erbaut. Dieses Gotteshaus weihte dann der Augsburger Weihbischof Eustach Egolf Baron von Westernach am 23. Oktober 1686. Die Baukosten hatten nur 70 Gulden betragen, da das Kloster Polling das gesamte Baumaterial kostenlos lieferte. Im Jahr 1715 entstand noch eine neue Kanzel.

1752 sind für Marnbach 22 Bauernhöfe genannt, vom großen Maierhof bis zum kleinen Gütl; fünf Anwesen gehörten dem Kloster Bernried, sieben Benediktbeuern, vier Polling, je zwei den Kirchen von Marnbach und Deutenhausen, ein Viertelhof gehörte dem Stift Habach und ein kleines Gütl dem damaligen Bewohner selbst.

An die römische Vergangenheit mit Besiedlung durch Veteranen-Gutshöfe und entsprechendem Verkehrswesen erinnert ein bedeutender Marnbacher Schatzfund vom Mai 1929, der einem Bauern bei Trockenlegungsarbeiten einer Sumpfwiese gelang. Etwa eine Viertelstunde Fußwegs nordwestlich des Dorfes fand er in einer bewaldeten Mulde in einem zerbrochenen Tongefäß mehr als 200 römische Münzen. Sie zeigen Porträts römischer Kaiser von Domitian (81–96) bis Severus Alexander (222–235) und auf der Rückseite sinnbildliche Vignetten und Frauenköpfe der kaiserlichen Verwandtschaft. Wahrscheinlich wurde der Schatz im Jahr 233 vergraben, als die Alemannen den Limes durchbrochen hatten und nach Süden vorgedrungen waren (Zerstörung von Cambodunum = Kempten).

Marnbach, Ansicht von Südosten, 1987

Unterhausen

Ein genaues Entstehungsdatum des Dorfes Unterhausen ist nicht bekannt, unsichere Anhaltspunkte ergeben sich aus späterer Überlieferung für das 12. und 13. Jahrhundert. So nennt der herzogliche Rat Wiguleus Hundt einige Adelige in Hausen bei Weilheim: Einen Wolf von Husen, Berchtold von Hausen um 1150, einen Lehensmann Heinrich von Hausen 1246 und schließlich das Münchner Geschlecht *derer von Hausen*. Bei der Vielzahl der Orte mit dem Namen Hausen bleibt allerdings völlig unklar, ob es sich in den genannten Fällen immer um das Hausen unterhalb und nördlich Weilheims handelt. Eine sichere Quelle für die Existenz des Dorfes in der 2. Hälfte des 13. Jahrhunderts stellt erst die Erwähnung des Konrad von Schondorf dar, der aus seinem Besitz in Unterhausen einen Hof zur Stiftung des Dießener Jahrtages für seine Hausfrau Kunigunde gab.
Spätestens im 15. Jahrhundert *hausten* in Hausen auch Weilheimer Bürger, so vor 1446 ein Ulrich, genannt der *Peck von Hausen,* und 1476 der *ehrsame und weise Hanns Aychhorn als der Zeit zu Hausen gesessen;* er wird zusammen mit Leonhart und Hans Karel, *beid' gesessen zu Hausen* genannt. Einige Weilheimer Bürger hatten aus ihren bei und unterhalb Töllern liegenden Grundstücken den Heuzehent oder entsprechenden Betrag Geldes an die Pfarrei Hausen zu entrichten (bis 1852). Daraus ist auch zu schließen, daß das Unterhausener Gebiet ursprünglich einen wesentlich größeren Umfang einnahm als heute. Schon um 1160 bzw. 1176 bestand das Gut Dietlhofen; im Jahr 1448 wird der Weiler als in *Haus'ner Pfarr* gelegen beurkundet.
Der Zeitpunkt des Baues einer ersten, der Dreieinigkeit geweihten Kapelle ist nicht mehr festzulegen; sie könnte bereits im 13. Jahrhundert bestanden haben. *Als aber die Zahl der Ortsbewohner stieg, bauten die Edlen von Schondorf nächst jener Kapelle eine der seligsten gekrönten Jungfrau geweihte Kirche, und zwar so, daß die Kirche nach Osten gerichtet stand, die Kapelle aber nach Westen.* Die Schondorfer sorgten auch durch Verzicht des Zehenten auf der ganzen Hausner Flur für die Dotierung betreuender Pfarrer, dazu gaben sie ein Gütl (= ¼ Hof). Unsicher bleibt, ob dieses Ereignis bereits um die Mitte des 14. oder erst des 15. Jahrhunderts geschah. Jedenfalls ist eine eigene Pfarrstelle erst für Johann Prigel am 29. April 1471 bezeugt. Der alte Pfarrhof bestand bis 1841. Als Patronatsherren fungierten wohl bis 1520 die Edlen zu Schondorf, danach die auf dem mittleren Schloß Pähl ansässigen Freiherren von Berndorff. Zwischen 1722 und 1754 übte das Kloster Dießen durch Besitzwechsel das Patronatsrecht aus, dann bis 1866 die Grafen von Vieregg auf Rösselsberg/Pähl und Tutzing.
Um 1487 muß die gotische Marienkirche von Unterhausen so schadhaft gewesen sein, daß Einsturz drohte und *niemand mehr zu den Festen der seligsten Jungfrau* wallfahrtete, *was den Bischof Friedrich* (Graf Zoller) *von Augsburg, als er das Bisthum visitierte, so schmerzlich berührte, daß er die Lage des Kirchleins an den Papst Innozenz VIII. berichtete und von diesem Ablässe von 40 Tagen für solche erlangte, welche öfters im Jahre die Kirche in Hausen besuchten oder zur Reparatur der Kirche, zur Anschaffung von Kelchen, Büchern, Lichtern und Paramenten hilfreiche*

Hände bieten werden. Diese Bulle stammt vom 8. Januar 1487 und wurde am 10. Mai vom Bischof anerkannt. Der Neubau wird wohl in den Jahren um 1490 erfolgt sein.
Eine Erweiterung und Verschönerung der Kirche wurde 1621 vorgenommen, als man die alte Kapelle in den Chorraum integrierte und Hans Degler die berühmte thronende Muttergottes mit Kind für den Hochaltar stiftete. 1772 schließlich baute man das spätgotische Gewölbe aus und ersetzte es durch eine mit Fresken bemalte Spiegeldecke. Das Thema *Mariae Heimsuchung* gestaltete Johann Baptist Baader, der *Lechhansl.* Das Hauptfresko, das kleine Chorgemälde mit der *Geburt Mariens* und die dritte Szene mit der Assumptio Mariae entstanden 1773, nachdem die Kirche nach Westen erweitert worden war. Gerahmt sind die Fresken mit Rokoko-Stuck des Wessobrunners Johann Michael Merck. Diese Arbeit ließ Pfarrer Ignaz Manz durchführen, der auch den Tabernakel in Form eines Turmes Davids besorgte.

Unterhausen mit Marienkirche, Ansicht von Norden, 1987

Drei Altäre aus der Zeit um 1830 und eine Kanzel schmücken den für ein Dorf erstaunlich festlich und prunkvoll gestalteten Innenraum. Wohl um 1600 wurde der Turm in modernen Renaissanceformen mit welscher Haube umgestaltet. Die Wallfahrt blühte vor allem nach der Ablaß-Gewährung von 1487 auf, sie scheint eine *magnetische Kraft* gehabt zu haben, *die Seelen ringsumher anzuziehen,* insbesondere, weil die *vielen Wohltaten, mit denen unsere Mutter ihre Verehrer beschenkt, diesen Andachtseifer gar sehr entzunden, bewahren und vermehren, wovon die zahlreichen Votivtafeln oder Weihegeschenke aus Wachs Zeugen seien.* Die vorzüglichsten *Konkurstage* (= Tage, an denen man zusammenkam) sind von alters her das Neujahrs- und Patroziniumsfest: Es wird *mit Vesper, Amt und Predigt gehalten, wozu mit Kreuz und Fahne kommen acht Kommunitäten* (= Gemeinden) *mit drei Herren Canonicis von Polling, deren einer das Amt hält nach altem Herkommen ein Reverendus Pater Franziskaner von Weilheim, der auch im Beichtstuhl aushilft.* Besondere Geltung hatte auch noch der *Montag der Bittwoche, wo die zwei Pfarreien der Stadt Weilheim und noch zwei Pfarreien mit Kreuz und Fahnen kommen, Amt und Predigt gehalten wird.* Im 18. Jahrhundert gab es auch jährlich nach Einbringung der Ernte einen Bittgang nach Unterhausen, den Bürger aus Weilheim und anderen Orten hierher unternahmen. Der Chronist vermerkt eigens, daß *die Wallfahrt nicht etwa der Behaglichkeit in einem Gasthaus daselbst zu verdanken sei; denn vor dem Jahr 1840 gab es dort gar keine Gastwirtschaft.*

Einige Pfarrer, so Sebastian Andrä und Ignaz Manz, gaben um 1800 den Unterhausener Kindern den deutschen Elementar-Unterricht, um ihnen den Weg nach Wielenbach oder Weilheim zu ersparen. Nach 1814 hatte aber nur noch die Wielenbacher Schule Geltung für die Unterhausener Kinder. Im Jahr 1865 zählte das Dorf 105 Einwohner, um die Jahrhundertwende etwa 145. Die größte Sorge der damaligen Gemeindeverwaltung waren die jährlich wiederkehrenden Überschwemmungen durch die noch nicht eingedeichte Ammer.

Hatte die Einwohnerzahl vor dem 2. Weltkrieg noch etwa 450 Seelen betragen, stieg die Zahl bis 1980 auf fast 800 an. Die Gemeindekanzlei befand sich, wie in vielen anderen Dörfern, in der *guten Stube* des jeweiligen Bürgermeisters. Im Jahr 1966 konnten die Unterhausener ihr eigenes Gemeindehaus einweihen, doch wurde dieses Gebäude durch die Eingemeindung 1978 wieder seines ursprünglichen Zwecks entfremdet.

ANHANG

Persönlichkeiten

Ehrenbürger

1882	Carl August Böhaimb, Stadtpfarrer	(1816–1886)
1888	Andreas Schmidtner, Spitalkurat	(1815–1906)
1891	Joseph May, Lehrer	(1830–1915)
1909	Prof. Dr. Wilhelm Conrad Röntgen, Physiker	(1845–1923)
1916	Franz Ritter von Hipper, Admiral	(1863–1932)
1925	Max Boegler, 2. Bürgermeister	(1855–1941)
1929	Johann Miller, Stadtrat	(1854–1937)
1933	Paul von Hindenburg, Reichspräsident	(1847–1934)
1946	Dr. Hans Rid, Stadtarchivar	(1876–1966)

Ehrenringträger

1963	Hans Korntheuer	(1893–1975)
	Hans Wiedemann, sen.	(1893–1970)
1969	Willi Mauthe	(1904–1977)
	Fritz Neidhardt	(1899–1978)
1973	Willi Simader	(geb. 1917)
1974	Julius Brandt	(1909–1976)
1975	Melanie Mayr	(1893–1980)
1976	Hans Rau	(1916–1986)
1986	Christian Buck	(geb. 1921)

Inhaber der Bürgermedaille

1975	Anton Baab, Georg Baesch, Christian Buck, Hans Joachim Büchler
1976	Mario Dietmar, Georg Ringholz, Franz Paul Ringholz, Gabriele Streitel, Hans Wiedemann
1978	Anton Fabich, Sebastian Hackl
1979	Hans Ferchl
1980	Georg Kaufmann, Monsignore Anton Kriener
1981	Lorenz Häringer, Simon Strasser, Theobald Wirth
1982	Josef Esterer, Max Kriesmair, Anton Lieb, Margarete Mitzkus, Korbinian Schmid, Hans Sonderer
1984	Fritz Mannhart
1986	Paul Nudlbichler

Bürgermeister seit 1805

Karl Wese	1805–1808
Joseph Trexl	1808
Franz Xaver von Lachenmayer	1808–1818
Jacob Patschoki	1818
Josef Neumayr	1818–1819
Jacob Patschoki	1819–1823
Georg Kaiser	1823–1830
Josef Klieber	1830–1836
Jakob Schöttinger	1836–1842
Georg Kaiser	1842–1849
Anton Bocksberger	1849–1854
Anton Hipper sen.	1854–1860
Johann Ev. Baur	1860–1870
Benno Dusch	1870–1876
Thaddäus Ortner	1876–1882
Oswald Weinhard	1882–1897
Josef Reiter	1898–1903

Berufsbürgermeister

Dr. Franz Überreither	1904–1919
Josef Weber	1919–1934
Johann Wiedenmann	1934–1941
Fritz Neidhart	1941–1944
Josef Sprenger	1944–1945
Josef Rott	1945
Josef Miller	1945–1946
Dr. Josef Machon	1946–1958
Dr. Johann Bauer	1958–1988

Bildnachweis

Motiv W. Bahnmüller: 12, 16, 17, 20, 22, 24, 25, 34, 39, 43, 45, 47, 51-53, 55, 57-61, 63, 68-71, 73-77, 79, 83, 85-87, 89, 91, 92, 97, 104, 107, 109, 111
Motiv Stadtarchiv Weilheim: 10, 18, 21, 27, 48, 66, 88
Motiv Bayer. Hauptstaatsarchiv: 40 (Plan Nr. 8502 a)

Standorte beweglicher Objekte:

Stadtarchiv Weilheim: 43
Stadtmuseum Weilheim: 17, 20, 25, 45, 51, 68-71, 76, 77, 79, 85, 87, 89, 91, 92, 104
Stadtpfarrkirche Mariae Himmelfahrt: 55, 60
Pfarrkirche Weilheim-Unterhausen: 73
Pfarrkirche Weilheim-Deutenhausen: 86
Bei Gut Rösselsberg: 37
Pfarrkirche St. Moritz, in Augsburg: 74
Klosterkirche Stams/Tirol: 75

Literatur

Johann Bauer, Die Weilheimer Mariensäule, in: Weilheimer Heimatblätter 6, 1984, S. 39–52

– und Willi Mauthe, Weilheim 1236–1966. Gesicht einer kleinen Stadt mit großer Vergangenheit, Weilheim 1966

Margarita Bernhofer, Untersuchungen zur Schulgeschichte von Weilheim (maschinenschriftl. Zulassungsarbeit), Weilheim 1977

Carl August Böhaimb (Hrsg.), Chronik der Stadt Weilheim, Weilheim 1865

Peter Brandt, Geschichte des Rates der Stadt Weilheim i. OB (maschinenschriftl. Zulassungsarbeit), Weilheim 1969

Christian Buck, Stadt Weilheim (Hrsg.), Weilheim in alten Ansichten, Zaltbommel (Ndl.) 1983

–, Geschichten aus dem Pfaffenwinkel, Weilheim 1983

–, Die gewonnene Stadt, Weilheim 1987

Johann Damrich, Der Steingadener Klosterbrunnen – jetzt Weilheimer Stadtbrunnen, in: Lech-Isar-Land 1937, S. 149-157

Gabriele Dischinger, Quellen zur Planung und Ausführung der Weilheimer Stadtpfarrkirche, in: Ars Bavarica, Bd. 33/34, 1984, S. 103–122

Franz Sales Gailler, Vindeliciae Sacrae Tomus III. qui est Bavaria Sectio X. Capitulum Weilheimense, Augsburg 1756

Irmgard Gierl, Die Einrichtung der Weilheimer Bürgerhäuser von 1650-1724, in: Bayerisches Jahrbuch für Volkskunde 1969, Würzburg 1970, S. 120-124

Josef Maria Harbauer, Die alten Handwerker-Zünfte, in: Weilheimer Sonntagsblatt Nr. 19– 21, Mai 1929

Heinz Haushofer, Landrichter in Weilheim, in: Lech-Isar-Land 1984, S. 62–74

–, Hans Heselloher – der „liebe und getreue Pfleger", in: Weilheimer Heimatblätter 8, 1986, S. 7–26

Heimat- und Museumsverein Weilheim i. OB und Umgebung (Hrsg.), Weilheimer Heimatblätter, Weilheim 1979 ff.

Heimatverband Lech-Isar-Land (Hrsg.), Zeitschrift Lech-Isar-Land, Weilheim 1926–1941, 1956, 1960 ff.

Reinhardt Helm, Stadtmuseum Weilheim 1882–1982 (Katalog), Weilheim 1982

–, 500 Jahre Weilheimer Rathausbau (1435–1935), Weilheim 1984

Albert Lehr, Die alte Poststraße von München über Mittenwald nach Innsbruck, in: Archiv für Postgeschichte in Bayern, 16. Jahrg., Heft 1, 1940, S. 1–16

–, Die alte Poststraße von München über Weilheim nach Innsbruck, in: Archiv für Postgeschichte in Bayern, 17. Jahrg., Heft 2, 1942, S. 241–250

Alfred Loos (Hrsg.), 100 Jahre Gymnasium Weilheim 1878-1978, Weilheim 1978

Willi Mauthe, Die Kirchen und Kapellen in Weilheim, Weilheim 1953

–, Der Pfaffenwinkel, Land der Bauern, Künstler und Mönche, Weilheim 1968

–, Weilheim i. OB (Kurzchronik), in: Bayerisches Städtebuch, Bd. 2, Stuttgart 1974

–, Kalenderblätter aus dem Pfaffenwinkel, St. Ottilien 1980

Hans Rid, Von den Weilheimer Jahrmärkten, in: Weilheimer Sonntagsblatt Nr. 26, Juni 1935

–, Alt-Weilheim, Weilheim 1935

– und Christian Buck (Hrsg.), Aus Weilheims Vergangenheit, Weilheim 1984

Heinz Jürgen Sauermost, Die Weilheimer. Große Künstler im Zentrum des Pfaffenwinkels (im Druck)

Franz Schaehle, Von der Latein – und Deutschschule Altweilheims, in: Lech-Isar-Land 1939, S. 230-232

Reinhard Schmid, Aus der Geschichte von Deutenhausen und Marnbach, Weilheim 1977

–, (Hrsg.), Beiträge zur Geschichte der Stadtpfarrei Mariae Himmelfahrt zu Weilheim, Weilheim 1979

–, Kath. Stadtpfarrkirche Mariae Himmelfahrt Weilheim i. OB (Schnell-Kunstführer Nr. 1317), München 1982

– Kath. Stadtpfarrkirche St. Pölten Weilheim i. OB (Schnell-Kunstführer Nr. 1391), München 1983

Andreas Schmidtner, Stammbaum der edlen Freien von Weilheim, in: Weilheimer Tagblatt 1885, Nr. 237-262

–, Überblick über die Geschichte von Weilheim, Weilheim 1893

–, Geschichte der Stadtpfarrkirche zu Weilheim, Weilheim 1901

– und Reinhard Schmid (Hrsg.), Hausen nächst bei Weilheim, Weilheim 1977

Karl Schmotz (Hrsg.), 100 Jahre Eisenbahn Weilheim-Murnau, Weilheim 1979

Wilhelm Volkert, Die spätmittelalterliche Gerichtsbarkeit, in: Handbuch der Bayerischen Geschichte, Bd. 2, S. 534 ff., München 1979

Joachim Weitzsäcker, Der Name Weizsäcker, in: Weilheimer Heimatblätter 6, 1984, S. 5-14

Theobald Wirth, Weilheimer Geschichte, Bd. 1, Weilheim 1977 und Bd. 2, Heft 1, Weilheim 1980

Josef Wysocki, Land und Zeit 1836–1986, Weilheim 1986

Register

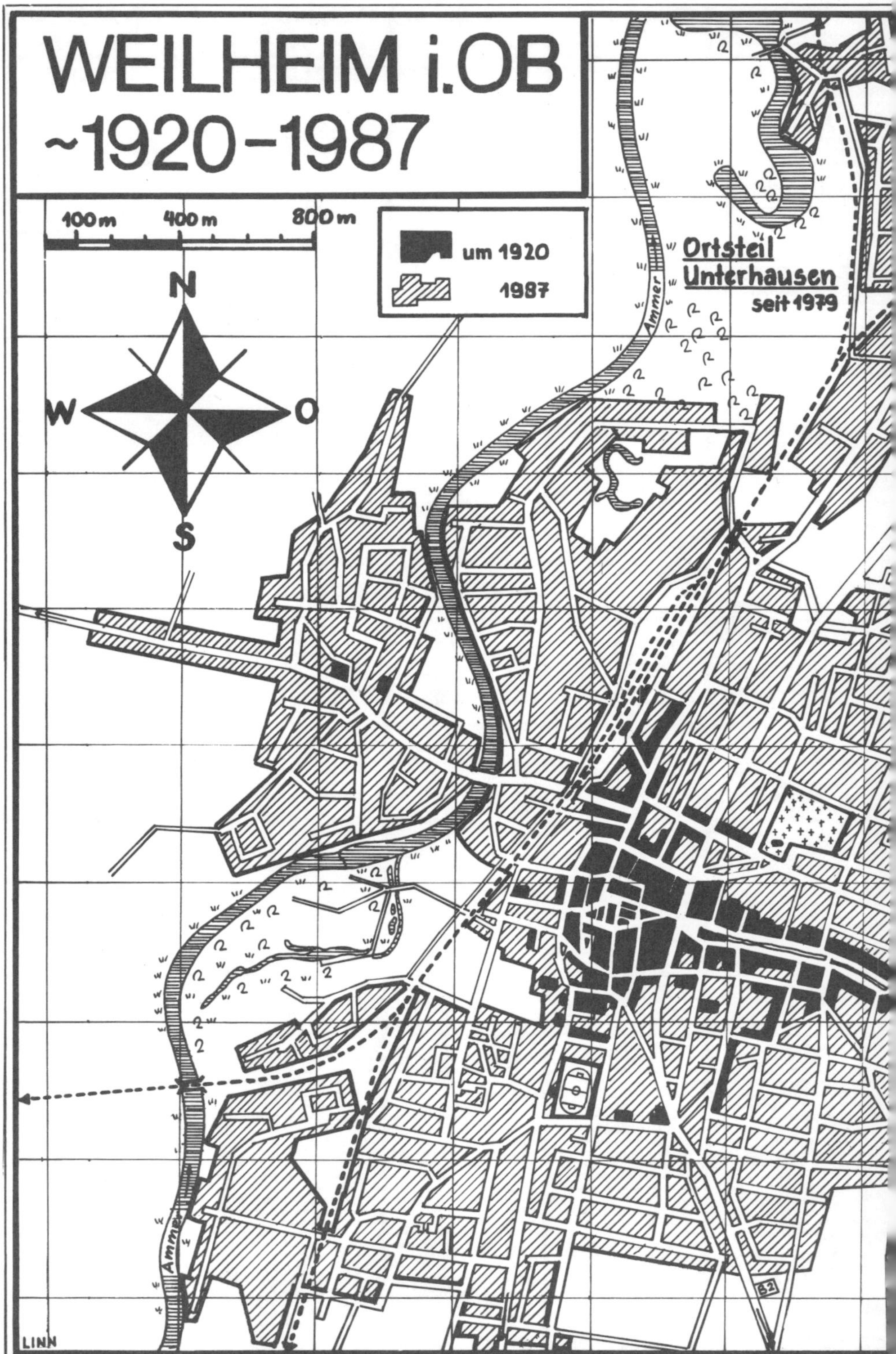
WEILHEIM i.OB
~1920-1987
100m
400m
800m
um 1920
1987
N
W
O
S
Ortsteil
Unterhausen
seit 1979
Ammer
Ammer
B2
LINN